星出版

新觀點
新思維
新眼界

正向轉變

365日快樂實踐手冊

The Positive Shift

Mastering Mindset to Improve Happiness,
Health, and Longevity

凱瑟琳．珊德森
Catherine A. Sanderson 著

周宜芳 譯

謹將本書獻給巴特（Bart），
除了因為他會換輪胎的能力，
當然還有許許多多其他的原因。

目錄

正向轉變
The Positive Shift

看見烏雲背後的閃閃銀光

幾年前，我在一場金融服務大型會議發表演說，講題是快樂的科學。那場會議的與會者，可以挑選在不同主題的演說裡，自由選擇場次出席。我的演說結束之後，一名女士走到我面前，告訴我她有多喜歡我的演講。她接著說道：「說真的，我差一點就不來聽妳的演說，因為我以為我會很討厭妳。」

她的評論 —— 讓我們姑且這麼說 —— 出人意料。於是，我謝謝她奇特的讚美，然後問她對我的演講為什麼會有如此負面的預期？

她答道：「我只是覺得，任何人談快樂談上一個小時，內容都會充斥著關於彩虹和小貓這樣的東西，以至於一個小時的演講結束時，我會想要掐死妳。」

我用這個故事做為本書的開場，是為了點出一項在本書後文還會一再重複出現的關鍵原則。有些人確實天生具備快樂體質，總是能夠一貫地用極其正面的方式看世界；這些是「小貓和彩虹」型的人。如果你也是其中一個，恭喜你……而且說實在的，你真的不需要這本書，因為你可能已經做對了什麼事，找到了快樂和健康之道。

可惜，我不屬於那個類型的人。我擔心的事太多了。塞車塞成這樣，我會錯過我的班機嗎？我的胃痛是癌症的訊號嗎？我的兒子成績平平，上得了大學嗎？我是個天性相當悲觀而憂鬱的人，差不多算是站在小貓與彩虹觀點的對立面。

那麼，我怎麼寫得出一本書是在討論追尋快樂的策略？好問題！

過去二十年來，我曾就各種心理學主題進行教學與研究。我的工作裡有一部分就是經常閱讀科學研究，了解我的專業領域裡的最新發現。過去五年左右，一些最耐人尋味、最令人振奮的研究，出自一個名為「正向心理學」（positive psychology）的新興領域；正向心理學檢視能夠預測心理和生理健康的因素。下列是這個領域的研究人員所提出的一些引人入勝的發現：

- 看臉書（Facebook）會讓人覺得悲傷和寂寞。[1]

- 昂貴的品牌藥，止痛效果優於學名藥，雖然兩者的成分一樣。[2]
- 把手機放在桌上，會降低對話的品質。[3]
- 相較於病房沒有自然景觀的病患，住在自然景觀病房的病患，恢復速度比較快。[4]
- 對老化抱持正向預期的人，平均壽命比沒有正向預期的人多七年半。[5]

我消化、綜合了各種研究，並且與學生分享，我愈來愈相信，這些看似零散的發現，其實描繪了一個非常簡單的論點：**我們日常生活的快樂、我們的身體健康狀況，甚至我們的壽命，多半不是取決於外在事件，而是繫於我們怎麼看自己和周遭世界。**

為什麼花時間看臉書會讓我們情緒低落？因為我們會拿自己的生活和別人的生活做比較，而大部分人只會在社群媒體呈現生活裡的美好。我們會因而認為好事不斷降臨在別人身上 —— 成就傲人的孩子、如夢似幻的假期、令人豔羨的職業，諸如此類。我們自己的生活看似無法相提並論。

昂貴的品牌藥的效果，為什麼比低廉的學名藥好？因為我們認為高價藥比對等的低價藥更有效果，而這個信念會引發讓身體感覺變好的行為。例如，如果你將要接受一

項療程，而你擔心過程中的疼痛，在服用一種你相信會減緩疼痛的藥之後，你的焦慮感會大幅降低；如此一來，你的疼痛感就會隨焦慮感的降低而減輕。

當我讀到信念如何影響感覺的這項研究，我開始試著運用這項資訊，改變我自己的思想和行為，努力讓自己更快樂。於是，當我躺在床上，我不會漫不經心地上網，而是找一本好書來讀。即使在我覺得忙到沒辦法運動的時候，我也會選擇在午餐時間花二十分鐘走路。

對有些人來說，採取正向思維是自然而然的事。這些人能夠找到每朵烏雲背後的閃閃銀光，因而更快樂、也更健康。另外有些人，包括我在內，要採取這種樂觀的世界觀，就需要耗費時間、精神和努力。我們必須轉化自己普遍悲觀的天性，才能夠找到烏雲背後的閃閃銀光；我們必須勤奮努力，養成讓自己感覺更好、而非更糟的行為，例如，在悲傷時，走進大自然輕快漫步，而不是在狂吃一大桶「班與傑利」（Ben & Jerry's）冰淇淋裡尋找快樂。

但是，對於必須下一番苦功才能夠找到快樂感受的人，這裡有一條好消息：**無論天生傾向如何，只要略微改變看待自己和世界的方式，每個人都可以更快樂、更健康。**一如伊莉莎白・吉兒伯特（Elizabeth Gilbert）在她2006年的回憶錄《享受吧！一個人的旅行》（*Eat Pray Love*）裡所寫的：

> 快樂是個人努力的結果。你為了快樂而爭取、而
> 奮鬥、而堅持，有時候甚至走遍全世界尋找快樂
> 的蹤影。你必須不屈不撓地開採屬於你的幸福。
> 一旦你達到快樂的境界，絕對不要疏懶於持盈保
> 態。你必須不斷力爭上游，永遠朝著快樂奮力前
> 進，悠然而游刃有餘。

　　正向、樂觀的想法對我得之不易；我必須為我的快樂
努力。在過去幾年，我刻意轉變我的思維，遵循那些研究
顯示能夠讓人更快樂的事物。我不再在別人光鮮亮麗的社
群媒體貼文裡打滾，不再拿自己的機運（或缺乏機運）與
別人的比較。我轉變我的思維，停止這些負面的想法，轉
而關注於我所擁有、極其實在的美好事物。我的孩子當不
成畢業生致辭代表，但是他結交到一群好朋友。我和家人
不會到大溪地渡假兩週，但是我們在澤西海岸租了間房
子，過了其樂無窮的一週。

　　尋找烏雲背後的銀光，顯然不是我的天生傾向，但是
只要付出時間、精神和努力，我發現不管在任何時候，我
都能更輕易地轉變我的思考方式，讓自己更快樂。我的這
本書是為了那些一樣在通往快樂的路上跌跌撞撞的人而寫
的，我的目標是提供具體、有科學根據的策略，讓他們可
以運用，提升人生的品質和長度。所以，恭喜你拿起這本

書，跨出第一步，我非常希望這本書能夠幫助你找到你應
得的快樂。

第 1 部

探索心智模式

第 1 章

心智模式的重要性

2015年5月1日，47歲的大衛·戈德伯格（Dave Goldberg）突然心臟病發，猝然而逝。戈德伯格是成就非凡的矽谷主管，也是臉書營運長雪柔·桑德伯格（Sheryl Sandberg）的先生。頃刻之間，桑德伯格變成帶著兩個年幼孩子的寡婦和單親媽媽 —— 兩個孩子分別是10歲的兒子和8歲的女兒。

事發三十天後，桑德伯格發表了給先生的悼念辭，談到她從痛失至親中學到的課題。她說：「悲劇發生時，也丟出一道選擇題。你可以任憑虛無主宰你，陷入那充滿你的心、你的肺的空虛，那讓你無法思考，甚至無法呼吸的空虛。或者，你可以嘗試尋找意義。」

本書要談的，就是做那道選擇題所需的準備。那道

選擇題,可能是應付日常生活裡不如意的瑣事,如塞車、工作面談、車子故障等等,也可能是面對損失慘重的挫折,如離婚、重病或重傷,甚或是摯愛的人離世。

麻煩與磨難,輕微障礙和重大阻礙,都是生活的一部分。我們無法避免壓力,也無法防止壞事降臨在我們自己或我們所愛的人身上。但是,我們確實可以掌控我們如何看待壞事的心態,我們也可以設法在困境裡找到祝福。最重要的是,**我們可以學習無論如何都要採取正向思維,這對於我們的快樂、健康,甚至壽命,都有長遠的影響。**

心智捷徑的力量

我們忙著過我們的日常生活時,也在遭遇資訊的轟炸。我們閱讀報紙、看電視、上網,與我們所在的社群裡的人們互動、走過廣告看板、聽收音機。我們想要理解所有從不同來源接收到的不同資訊,從中理出頭緒。

但是,要周延、徹底爬梳所有這些資訊,實在是一件不可能的任務,因此我們的思考會抄捷徑,而且通常是在不知不覺中。比方說,人們在試喝據稱要價90美元一瓶的酒,給予的評價高於據稱為10美元一瓶的酒,即使事實上兩種酒一模一樣。[1]

我們也會用心智捷徑(mental shortcuts)對我們遇到的人形成預期。我們在醫院裡遇到醫療專業人員時,往往

會假設男性是醫生，女性是護士。

這種抄捷徑以解讀世界的過程，根據的是我們從經驗裡形成的刻板印象。我們假設昂貴的酒品嚐起來較美味，那是因為我們預期高品質就會訂高價格。我們假設男性比女性更有可能是醫生，女性比男性更有可能是護士，那也是基於我們一般的經驗。

我們在媒體看到、聽到的影像，會強化這些刻板印象。例如，媒體訊息在描繪變老這件事時，影像通常相當淒涼、慘淡。在電影、電視節目、廣告，尤其是資訊型廣告（infomercial）裡出現的老年人，多半記憶力出現問題、苦苦與各種身體限制掙扎奮戰，或諸如此類的。不斷接觸到這些影像，會對老齡過程產生負面預期。

最重要的是，我們建構的心智捷徑，會影響我們怎麼看自己，並且從非常根本的層面影響我們的行為。根據一項研究顯示，對於老齡抱有負面想法的中年人，對於性愛的興趣和享受感都比較低。[2]感覺自己老的長者，不管他們的實足年齡幾歲，對於性愛尤其會出現負面想法。

這個例子說明了抱持負面預期的缺點，抱持正向期望則能夠產生有益的成效。比方說，得知自己拿到「幸運球」的高爾夫球打者，相較於拿到「普通球」的打者，推桿進洞率高出35％。[3]此外，人在體認到某項痛苦的活動或程序會帶來某種「好處」時，疼痛感較不劇烈，這有助

於解釋為什麼許多人會自願歷經某類疼痛，如穿臍環、刺青、攀登聖母峰等。這類痛苦在事後回想時，劇烈程度也低於當時的實際強度。**透過練習，我們可以學會運用心智技巧，以正向方式影響我們的行為。**

預期成真

想像你是個新拿到學習駕照的青少年，在祖父母陪同下第一次開車。你知道世人有種「青少年是惡駕駛」的刻板印象，於是一邊開車，一邊擔心犯錯。你擔心犯錯（也擔心在祖父母面前強化那個刻板印象）而焦慮，你因為焦慮而分心，結果犯下了你原本可能不會犯的錯誤。

這個簡單的例子，說明我們所抱持的刻板印象如何影響我們的行為。心理學家稱此為「成見威脅」（stereotype threat），也就是擔心坐實對自己所屬群體的負面刻板印象，而無法專注於特定工作的情況。諷刺的是，這種缺乏專注會反過來讓那項工作的表現變差，反而讓當事人無意間應驗了他們擔心坐實的那個負面刻板印象。

一開始，成見威脅的研究檢視的是，對非裔美國人的刻板印象如何影響學業表現。在一項研究裡，社會心理學家克勞德·史提爾（Claude Steele）和他在史丹佛大學的同事，找來一群非裔美國人和白人大學生，請他們參加一項口語能力測驗，而大眾對這項測驗的刻板印象是：非裔

美國人的表現遜於白人。[4]

　　為了測試灌輸刻板印象是否會影響測驗成績，研究人員告訴一半的學生，他們所要做的測驗，用意是評估「智識能力」，藉此啟動他們的刻板印象。另一半的學生只被告知，他們要進行一項「與能力無關的解題任務」，在這種情況下，刻板印象並沒有被觸發。雖然所有學生所做的測驗一模一樣，得知測驗旨在評量智識能力的非裔學生，表現比白人學生差了一大截。對照之下，如果沒有刻意提醒種族群體在口語能力的負面刻板印象，非裔和白人學生的測驗成績沒有差異。

　　後續的研究證明，刻板印象對於許多不同的群體，都會產生強而有力的效應。一如史提爾在他2010年的著作《韋瓦第效應》（*Whistling Vivaldi*）裡的描述：他發現，被提醒「女生數學不好」這個刻板印象的女性，在後來的數學測驗，表現遜於未被提醒刻板印象的女性。[5]類似地，被告知推桿測試是在衡量「自然運動能力」的白人運動員，推桿表現比那些沒有被告知的人差，這應該是因為他們害怕自己應驗了白人沒有運動細胞這個知名的刻板印象。

　　這些研究都證明，**刻板印象具有影響行為的力量，而且有時候影響重大。**

隱微的暗示，也能啓動刻板印象的力量

前段描述的是，在明示提醒下，刻板印象對行為的影響。然而，有許多情況，刻板印象是以更隱而未顯的方式影響我們。

在一項研究裡，研究人員讓4歲到7歲的女孩玩5分鐘玩偶。[6]有些女孩拿到的是醫生芭比娃娃，有些女孩拿到的是蛋頭太太。雖然這兩種娃娃都是以女孩為行銷對象，但是在外觀上卻大不相同；比起蛋頭太太，芭比娃娃在外表上更具吸引力，也更具有女性特質。接著，研究人員讓這些女孩看十張顯示各種職業的照片，並問她們，她們（還有男孩）長大以後，可以做其中哪些工作？結果，玩芭比娃娃的女孩給自己的職業選項，少於給男孩的選項，即使芭比娃娃打扮成醫生也一樣。對比之下，和蛋頭太太玩的女孩，在對自己和男孩的職業選項上，認知沒有差異。這項研究顯示，玩高度性別化的玩具，會影響小女孩對自己能夠做什麼工作的信念。

類似地，大學女生在看過符合刻板印象的電腦科學教室照片之後〔用電影《星艦迷航記》（*Star Trek*）海報、科技雜誌、科幻小說等做布置〕，對於電腦科學領域顯現的興趣，低於看過更中性的教室照片之後（用自然景緻海報、一般雜誌、植物等做布置）。[7]兩項研究都顯示，環

境裡的隱示觸發如何影響人們如何看待自己，並產生實質的結果。

特別引人注意的是，即使隱微的刻板印象提示是用於描述他人，也會影響我們自己的行為。在一項精妙的研究裡，紐約大學的研究人員，邀請大學生參加一項據稱是用來衡量語言流利程度的測驗。[8]他們拿到不同組的字彙，要用這些字彙（而且只能用這些字彙）來造文法正確的句子。一半學生拿到一組暗示老年的字彙，如退休、年老和皺紋。另一半學生拿到的是一組中性的字彙，如隱私、清潔和口渴。

完成測驗後，研究人員告訴學生，研究結束了，他們可以自由離開。但是，學生有所不知的是，接下來才是研究人員最有興趣檢視的部分。當學生離開房間時，研究人員啟動馬表，測量學生從大堂走到電梯花了多久時間。一如他們的預期，接觸到老年組字彙的學生，步行時間顯著長於看到中性組字彙的學生。這項研究顯示，刻板印象能夠、也確實會影響我們的行為，即使那些刻板印象不是直接用於我們自己身上！畢竟，這項研究裡的學生並不老，但接觸到關於老人的刻板印象，仍然導致他們展現出與這類概化想法相符合的行為。

理解心智模式

除了探索刻板印象，我們的行為也會受到我們對自己、對世界所採取的特定心智模式（或心智框架）的影響。我們的心智模式（包括思想、信念和期望），決定了我們如何認知、回應生活裡的事件。心智模式也包括我們對自身能力、特徵和個性的期望。我們是樂觀或悲觀？有數學頭腦，還是對數字束手無策？長袖善舞或害羞內向？個體性終究來自個人與眾不同的特質。

心智模式的另一個基本層面，是我們對這些特質與時演變的潛能所抱持的信念。史丹佛大學心理學教授卡蘿・杜維克（Carol Dweck）進行了廣泛研究，顯示人們在這類信念上，各不相同。有些人相信，諸如智力和人格等基本特質是僵固而穩定的，這稱為「定型心態」（fixed mindset）。有些人則相信，這些特質具有可塑性，能夠、也確實可藉由努力，隨著時間改變，這稱為「成長心態」（growth mindset）。[9]我們抱持的是定型心態或成長心態，會影響我們對不同情況的處理方式、對錯誤和失敗的回應方式，以及對挑戰的觀感與反應。

下列用一個簡單的例子，說明心智模式如何對行為產生強勁而深遠的影響：許多父母和老師出於善意誇獎孩子聰明，讚美他們優異的學業表現。表面上，這個標籤看似

讚賞，而且絕對是大家都想聽到對自身智識能力的評語。

　　然而，現在有相當的證據指出，這種標籤對孩子在學習上的樂趣、堅持和成就所造成的隱憂。什麼意思？有人稱讚你「聰明」，會有什麼壞處？這個標籤導致孩子相信，智力是固定特質 —— 有人天生聰明，也會永遠那麼聰明，其他人卻不是如此。被別人說自己聰明的孩子，對於智力的本質，通常會採取定型心態，變得很在意與這個標籤衝突的可能性。在未來，如果這個孩子在一項測驗裡表現低落，這個單一的負面表現，意義就會被高度放大，具有高度的殺傷力：「我這項測驗考得不好，所以我或許終究沒有那麼聰明。」

　　孩童擔心自己無法符合期待時，可能會以低度表現做為回應，只嘗試自己有把握能夠解決的問題，因此剝奪了挑戰自己而成長的機會。一如塔夫茲大學（Tufts University）藝術與科學學院院長羅勃特・史登伯格（Robert Sternberg）所指出的：「害怕犯錯的人，永遠無法從實作中學習，你的整套做法會變得具有防衛性：『我必須確保我不會搞砸。』」[10]

　　另一方面，**一個人如果採取成長心態，明白自身的能力與特質，能夠透過努力和練習而改變，就能夠體驗到實質的益處。**錯誤被視為學習和成長的機會，人們因此有動機去挑戰艱難任務、培養優勢。例如，相信智力可以培養

的七年級學生，在初中頭兩年，也就是課業變得更具挑戰性、評分標準變得更嚴格的時候，成績出現增長；然而，沒有這種信念的人，就沒有顯現這種進步。[11]

類似地，採取成長心態的運動員理解，光有天賦是不夠的，認真努力、嚴格訓練才是成功、達到更高層次的關鍵。一項最近的研究甚至發現，給青少年（他們全都有精神健康問題）上30分鐘的課，談論成長心態，以及人隨著時間改變、進步的能力，如此長達九個月之後，他們的焦慮和抑鬱程度都呈現下降。[12]總而言之，採取著眼於改變的力量和潛能的心智模式，能夠產生實質的益處。

你的想法決定你的現實

個人的基本特質是否能夠改變，我們對於這個問題的信念，影響幾乎觸及人生的各個層面。例如，一個人如果相信自己無論多麼努力嘗試，焦慮和抑鬱程度都無法改變，他所顯現的焦慮和抑鬱症狀，多於那些沒有這種想法的人。[13]抱持這種信念的人，擔憂和悲傷的程度，甚至連手汗、驚恐症等焦慮的生理症狀，都較為嚴重。

類似地，我們對老化所抱持的心態，會影響認知表現和身體健康。根據一項研究，61歲到87歲的成人，如果相信老化是固定、無可避免的過程，在被提醒關於老化的刻板印象之後，記憶力測驗的分數較低，血壓也較高。[14]

對比之下，相信老化過程可以改變的人，就沒有這樣的反應；他們不相信這種刻板印象是定數，因此不會蒙受負面後果之害。

我們的心智模式，也會從根本層次影響我們如何解讀他人、與他人互動。有一項研究檢視人對於同理心的可塑性所抱持的信念，也就是一個人能否藉由努力，改變對他人處境感同身受的能力。[15] 研究人員請參與者評估自己是否相信一個人的同理心強度是無法改變、極其基本的特質，還是相信一個人可以改變自身同理心的強度。接下來，在一個對個人意義重大的社會或政治議題上，研究人員讓參與者面對一個與自己有歧見的人，評量參與者嘗試發揮同理心的意願。

一如研究人員所預測的，傾向相信同理心具有可塑性的人，更願意以尊重的態度傾聽，試著理解對方的觀點。這樣的努力，可以創造更佳的人際關係，降低衝突。

因此，我們的心智模式，會影響我們處理親密關係問題的意願，也就不令人意外了。抱持「靈魂伴侶」心智模式的人相信，能否擁有良好的關係，多半取決於是否挑選到對的人。他們以「全有」或「全無」的二分法觀點看待人際關係。[16] 遺憾的是，這種信念會導致兩種障礙行為：忽視問題（既然任何問題都顯示關係不佳），或是乾脆放棄關係。大學生戀人的研究顯示，抱持靈魂伴侶理論的戀

人，在面對壓力關係事件時，花較少的時間努力解決，他們基本上停止努力並放棄。另一方面，抱持「關係要靠努力經營」心智模式的人認為，以開放而具建設性的態度承認問題、解決問題，是建立穩健關係的重要條件。在面對壓力事件時，他們會努力解決，並且試著以正向的方式，重新為這類問題建構參考框架。

在一項研究裡，研究人員檢視人們對性愛滿意度的看法，尤其是性愛滿足是來自找到「對的」伴侶（定型心態），或是透過努力而培養（成長心態）。[17]對於性愛滿足感抱持成長心態的人，對於性愛和關係的滿意度較高，他們的伴侶對於性愛的滿意度也較高，顯示相信優質的性愛要投入時間和努力，雙方都能夠受益。

這些例子說明，關於某些特質是否為固定或可塑，**我們的信念對於人際關係的品質和長度，以及我們的身心健康，都有重大的影響。**

你通常嚴格要求自己，還是會自我疼惜？

理解心智模式最重要的一步或許是知覺到，對於生活裡遭遇失望和失敗的成因，想法會因人而異。[18]有些人把負面事件怪罪於自己 —— 自己的缺點和不足。他們執著、咀嚼這些壞的結果，嚴厲批判自己。然而，有些人在面對失敗和失望時，採取更為正向的思維。他們能夠體認

到，每個人都會遭遇困難，也會試著對事情保持客觀。

你或許可以想像得到，**面對負面事件時會自我疼惜（self-compassion）的人，結果會比較好。他們的焦慮和抑鬱程度較低，比較快樂，對於未來整體而言看法比較樂觀**。例如，大一新生身處於困難的人生轉換期，較會自我疼惜的人，大學生活的參與程度和動機都較高。[19]

下頁是一項簡單的測驗，可以讓你更了解你對自己的想法。這項測驗取材自克莉絲汀・聶夫（Kristin Neff）博士所創的自我疼惜量表（Self-Compassion Scale），[20]你可以藉此做一下自我評量，了解在事情不順利時，你是把自己批判得體無完膚，還是會放自己一馬。下頁有兩個題組，一個題組包含了五項敘述，請就你對各項敘述同意或不同意的程度，選出相符合的分數，然後計算得分。

第一個題組裡的五項敘述，評量的是你對自己的嚴厲程度；第二個題組裡的五項敘述，評量的是你自我疼惜、善待自己的程度。在第一個題組相對低分、第二個題組相對高分的人 —— 恭喜你！這樣的分數模式，顯示你在面對失望時，能夠有效採取正向思維。至於第一個題組分數相對較高、第二個題組相對低分的人，你必須培養技巧和策略，善待你自己。不要擔心，你會在本書後續各章節學到這些方法。

自我量表1

	非常 不同意	不同意	有時同意， 有時不同意	同意	非常 同意
1. 我不喜歡、也會批判自己的缺點和不足。	1	2	3	4	5
2. 我心情不好時，通常會鑽牛角尖，對所有出錯的事情無法釋懷。	1	2	3	4	5
3. 重要的事失敗時，我會被自己能力不足的感覺給淹沒。	1	2	3	4	5
4. 遇到困難時期，我通常會嚴格要求自己。	1	2	3	4	5
5. 我看到自己身上有不喜歡的地方時，我會貶低自己。	1	2	3	4	5

總分：

自我量表2

	非常 不同意	不同意	有時同意， 有時不同意	同意	非常 同意
1. 遇到逆境時，我明白困難是生活的一部分，人人都會經歷。	1	2	3	4	5
2. 有事情讓我不開心時，我會試著保持情緒穩定。	1	2	3	4	5
3. 發生痛苦的事時，我會試著對情況保持平衡的觀點。	1	2	3	4	5
4. 重要的事失敗了，我會試著客觀看事情。	1	2	3	4	5
5. 我會包容自己的缺點和不足。	1	2	3	4	5

總分：

正向轉變的錦囊

　　證據清楚顯示：我們用什麼思維看自己和世界，對於生活幾乎所有層面都有強烈的影響，包括走路速度、記憶力強弱，以及我們和戀人互動的方式。

　　但是，更重要的訊息是：心智模式會改變。所以，即使我們天生傾向以「全有」或「全無」的方式看事情，只要投入時間、精神和心力，就能夠轉變為成長心態，在幾乎所有的生活面向上，採取更正向的框架，從如何改變人際關係到如何步入老年，都包括在內。我們都能用新的方式思考事情，從而體驗更快樂、更健康的人生。

　　心智模式的細微改變如何產生明顯可見的影響，下列是一些例子。

換個新標籤

　　即使是環境的小變化，也可以讓我們轉換思維，對結果產生實質的影響。例如，貝勒大學（Baylor University）的社會學教授凱文・多葛帝（Kevin Dougherty）為了改變學生對考試的心態（通常會引發焦慮），[21] 運用了各種策略來改變這些負面預期。首先，他把測驗日標記為「學習慶祝會」，對學生的表現建立正向預期。第二，測驗日那天，他會帶著氣球、彩帶和零食出現，創造歡樂的教室環

境。他的目標是「為測驗創造一種能提升學習與樂趣的氛圍」。換句話說，他想要改變學生對於測驗的心態，從害怕和恐懼，轉變為歡樂和慶祝。他的努力有了報酬，這些策略發揮了提升測驗成績的效果。

我們都可以運用這種簡單的策略，改變我們對自身感受的觀點，體驗更好的成果。主辦派對、在會議上發言，或在婚禮上致辭，讓你感到焦慮嗎？**你可以為焦慮重新設定參考框架，讓這些事件變成激發你保持警覺、謹慎的動能。**職業運動員、演員和音樂家，正是採取這種心智模式，才能在重要關頭拿出精湛的極致表現。採納新的心智模式需要時間，但是只要有耐心，我們都能夠學著改掉適應不良的思考模式，體驗到更好的成果。

主動冒險

人生路上，許多人（甚或是大部分的人）都害怕冒險，因為冒險會增加失敗的機率。於是，我們就這樣守著無法讓我們感覺收獲豐富的工作，守著無法讓我們感到快樂的關係。驅避風險是人之常情，在這種心態的驅使下，我們會選擇安全的避風港，而不是大膽地航進未知領域去探險。

我在寫作本書之時，社群媒體上出現了一則精采的報導，故事主角是一位名叫諾雅樂・漢考克（Noelle

Hancock）的年輕女子。她是紐約市的記者，當她的雇主倒閉時，她也失去了記者工作。雖然她大可在家附近尋找其他的工作機會，但是她卻決定搬到加勒比海維京群島的聖約翰島（Saint John Island）。她在島上找了一份挖冰淇淋球的工作，現在過著截然不同的生活。

讀到這麼戲劇化的人生決定，許多人都會想像在自己的人生裡，也來冒場類似的險……但是，念頭一轉，又覺得過於焦慮。然而，**研究顯示，讓人後悔更深的，並非是自己曾經選擇去做的事，而是選擇不去做的事。**在一項研究裡，人們被問到，如果人生可以重來，他們會對哪些事有不同做法？[22] 超過一半的人所後悔的事，都與沒有去做的事有關，例如應該上大學或完成大學學業，應該追求另一個職涯，應該更努力維持社交關係或婚姻等等。對比之下，只有12％的人對做過的事感到後悔，例如應該不要抽菸，應該不要那麼早結婚，應該不要那麼努力工作等等。（另外還有34％的人無法決定。）這項研究顯示，我們後悔的往往是沒有去做的事，勝於做過的事。

有鑑於此，**考慮粉碎你的風險趨避心態，去做一件可能讓你感到害怕的事。**辭掉一份無法讓你快樂的工作。尋找新的關係，或是採取行動，讓目前的關係更令人滿意。到世界各地旅行，不要待在你覺得舒適、熟悉的環境。作家傑克森・布朗二世（H. Jackson Brown, Jr.）說過：

「二十年後的你，會為今天沒有去做的事感到後悔，更甚於為你現在去做的事。所以，鬆開繩索，啟程離開安全的港口。揚起帆，迎著信風。去探索，去夢想，去發現。」[23]

相信改變

本章稍早曾經描述到，人對於某些特質是固定或可塑的信念，各有不同。但是，**不管我們天生落在光譜的哪個位置，採取成長心態都能產生莫大的助益**。例如，教導中學生對於智力和個性採取成長心態，能夠提升成績、降低壓力，減輕生理疾病。[24]

心智模式的改變，能以非常重要的方式，改變我們與他人的關係。有一項非常深入的實證研究，點出培養成長心態的益處。研究裡，有兩篇關於同理心的文章，研究人員給參與者閱讀其中一篇。[25]一半的參與者所閱讀的文章，描述同理心如何隨著時間而塑造。這篇文章敘述道：「人會在一生中學習、成長，同理心也不例外。同理心會改變。改變不一定容易，但是如果一個人想要，就可以塑造自己對他人同理心的濃烈或淡薄。沒有人的同理心會像石頭一樣堅硬。」

另一半的參與者所讀到的文章，描述同理心多半是固定的，無法改變。這篇文章說道：「大多數人在很小的時候，同理心的狀態就像灰漿一樣定型，無法再軟化。即使

我們想要改變同理心，想要讓同理心變得濃烈或淡薄，通常都不會成功。同理心已經變得相當僵固，就像石頭。」

接下來，所有的研究參與者都有機會奉獻於預防癌症的校園巡迴車活動。有些貢獻方法相對簡單，例如捐錢，或在校園資訊站放宣傳小冊等等。有些方法需要更高層次的同理心，例如自願傾聽癌症病患講述他們的故事。

你能夠預測研究人員的發現嗎？以「簡單」的助人方式來看，兩種文章對參與者的影響並沒有差異，包括捐錢、參加步行籌款或發傳單。然而，讀到同理心可以改變的參與者，在一家癌症社群支援團體當志工的時數超過兩倍多（也就是最需要同理心的助人方式）。

這些發現是有力的證據，證明採取成長心態在各個領域，都有實質、重大的益處，包括學業表現、身體健康和利他精神。

第 2 章

斑馬為什麼不會得潰瘍？
心智模式對健康的影響

回想一下你最近一次感受到壓力時的情況 —— 心跳加速、反胃、肌肉緊繃。引發壓力的是什麼事物？對大部分的人來說，引發壓力的日常事件，如果從大局來看，其實都是雞毛蒜皮的小事。或許是你有一場重要的工作簡報，或是你塞在車陣中，或是你的待辦事項、必須付的帳單，讓你感到喘不過氣來。當然，這些都是真正的壓力源，而人體會對壓力產生反應。

對壓力的生理反應，在設計上是為了協助人類（和動物）回應極端、有生命威脅的情況，比方說，被狂吠的大狗追逐時，或是面對戰鬥時。在其他看似「高壓」的情況下，這些生理反應也會產生調節，例如面試或第一次約會。

事實是，即使是沒有任何生命威脅真實存在的情況，

我們通常還是會顯現壓力的生理反應。遺憾的是，這種在非生命威脅的情況裡顯現壓力反應的傾向，對於我們的身體健康有負面影響。在日常生活裡，壓力反應的持續啟動有助於解釋壓力相關疾病的高發生率，包括頭痛、潰瘍和冠心疾病。一如史丹佛大學神經科學家羅勃特・薩波斯基（Robert Sapolsky）所寫的：「壓力相關疾病出現的主要原因在於，我們經常啟動的生理系統，原本是為了回應急性的身體緊急狀況而演化出來的，但是我們現在為貸款、關係和升遷而擔憂，而讓它處於活躍狀態長達好幾個月。」[1]薩波斯基巧妙地指出，這或許是為什麼斑馬不會得潰瘍，但是人類會的原因。

儘管大部分的人都很幸運，不必規律（或不規律）面對真正生攸關的壓力源，但我們通常會對輕微的壓力源在心理上過度反應，造成自己龐大的焦慮和痛苦。至少在某些情況下，這種反應會回過頭來引發威脅生命的後果。

在本章，我會描述心智模式如何對身體健康產生真實而持久的影響。請你千萬不要因此有壓力！因為在本章末，我會描述可以運用的具體策略，讓你更妥善地管理壓力，活得更像斑馬。

相信成真，貴的比較有效！

想像一下，你在藥局裡穿梭，急著買一種藥，解除

讓你極度不舒服的感冒症狀 —— 咳嗽不止、喉嚨痛、鼻塞。你面對一個選擇：要買便宜的學名藥，還是買昂貴的品牌藥？雖然在智識上你理解這兩種藥物完全一樣，但你還是選擇了高價藥。為什麼？因為你就像大多數的人一樣，相信高價藥的效果比較好。

你或許會感到訝異，但是這個想法是正確的；昂貴的品牌藥確實效果比較好。只不過諷刺的是，這些藥物的效果之所以比較好，正是因為我們相信它們的效果比較好。我們的信念才是症狀緩解效果較好的導因。人體幾乎每個器官系統以及許多疾病，包括胸痛、關節炎、過敏性鼻炎、頭痛、潰瘍、高血壓、術後疼痛、暈船和一般感冒的症狀，安慰劑和安慰治療都可以產生非常真實、甚至持久的效果。

我在這裡分享一個例子，說明我們對藥物的預期如何影響真實的藥效。有一項研究讓經常頭痛的人服用一種藥片，而藥片的標示為「諾若芬」（Nurofen，藥物品牌），或是「布洛芬學名藥」（Generic Ibuprofen）。事實上，其中只有一半的藥片包含有效的布洛芬成分，另外一半都是安慰劑。結果呢？服用標示為品牌藥的安慰劑的人所感覺到的疼痛緩解程度，高於那些服用學名藥安慰劑的人。[2]

這項研究是有力的證據，證明標籤確實很重要。拿到品牌藥物的參與者，疼痛緩解程度類似，無論他們服用的

藥是含有真正的布洛芬成分,或者只是安慰劑。但是,拿到學名藥的參與者,服用到真實藥物的人,疼痛緩解程度高於服用安慰劑的人。我們預期某種藥物較有效,對於我們的痛感有具體可見的影響。

創造預期的不只是品牌名稱,即使只是相信某種藥物較昂貴(我們把高單價與高品質聯想在一起),都能夠增強藥效。相信新核准止痛藥每劑要價2.5美元的人所體驗到的疼痛舒緩程度,高於得知藥物減價到只要10美分的人。在前述兩種情況裡,受測者服用的都是沒有包含真正藥物成分的藥丸。[3]

談到這裡,一個真正重要的問題是:這些關於人們相信昂貴藥物的療效更好的發現,除了在實驗室進行的實驗裡成立,在真實世界裡是否仍然成立?答案是肯定的。針對治療各種病況的各種藥物做測試的研究,都看到相同的結論。例如,認為他們所使用注射藥物一劑要價1,500美元的帕金森氏症病患,即使注射的是生理食鹽水,他們感覺到的藥劑效果,卻是他們認為一劑只要100美元的兩倍多。[4]

理解安慰劑效應

單是預期某類介入措施(如藥丸、療程或注射)會有幫助,就能產生有益的結果,這就是安慰劑效應,而它的

效果顯然非常強大。但是，對於解除疼痛所產生的期望，究竟是如何讓我們感覺變好的？

　　一種解釋是：人們對於治療的信念，會影響他們的行為。具體而言，當我們預期某種藥物有效時，可能會因此改變自己，展現真正能夠產生有益效果的行為。假設你現在頭痛欲裂，服用了一顆你確信會消除疼痛的藥，這種對於疼痛很快就會消失的預期，可能會讓你因此放鬆，而放鬆回過頭來有助於減緩頭痛。

　　關於正向思維改善健康的力量，最鮮明的一個例子就是休士頓榮民醫院骨科外科醫師布魯斯‧莫斯雷（Bruce Moseley）的發現。[5] 在這項研究裡，研究人員把患有膝部骨關節炎的男性隨機分為下列三組：

- 第一組接受標準的關節內視鏡手術。
- 第二組接受膝關節的沖洗，但並不是標準手術的刷洗程序。
- 第三組沒有接受真正的醫療手術，只是用手術刀在膝蓋畫開一道傷口。

　　所有的參與者都被告知，他們在參與一項研究，而且他們都同意參與研究，雖然他們不知道自己會接受哪一種療程。接著，所有病患在兩年的時間內接受評估，以判別

「真實手術」是否真的優於「安慰手術」。研究人員對這些男性詢問他們的痛感、從事走路和爬樓梯等日常生活事務的功能是否改善等。

研究的發現非常值得關注。在追蹤期間，三組病患在痛感或功能上，並沒有差異。

雖然研究人員無法分辨三組都出現相同的改善，原因究竟為何？但一個可能的原因是，單是相信自己接受了能夠改善功能的手術，就讓他們因此改變行為。三組參與者可能都認真實踐了復健指示，例如規律運動，以增加行動能力，並且與物理治療師合作。他們的行為可能反過來降低疼痛、改善功能。

關於「安慰手術」的效果，也有其他研究有類似發現。例如，接受安慰治療程序的脊椎骨折病患，不但疼痛感降低，身體功能甚至出現進步；接受安慰手術的帕金森氏症患者，在動作功能上出現了大幅進步。[6]

有些研究顯示，安慰劑其實可以產生人體的生理變化，這些生理變化反過來抑制疼痛感。例如，相信藥物有助於減輕疼痛，會啟動內啡肽系統，在體內自然作用，發揮緩解疼痛的功能。承此觀點，相信自己服用了止痛藥的人，掌管疼痛反應的大腦和脊髓部位活動會降低。[7]此外，包裝看似昂貴的止痛藥物（盒子上有花俏的字母和品牌標籤），服用者的大腦也顯現類似的反應；然而，盒子

上貼著學名藥標籤、包裝又普通的藥物，服用者雖然拿到的是同樣的藥物，大腦卻沒有前述的反應。[8]這些研究顯示，安慰劑效應會降低痛感，至少有部分原因為它改變了大腦對疼痛的回應。

心智模式如何影響荷爾蒙、飢餓和健康

　　安慰劑效應清楚點出，我們對於藥物效果的預期，會實實在在地改變我們的身體和大腦的反應。就這樣，我們對於藥物效果的心態，其實導致我們的感覺變好。但是，這只是心智影響身體生理反應的一種方式。

　　有一項有力的研究，證明了心智的影響。研究人員請研究參與者品嚐兩種法國香草口味的奶昔中的一種。[9]研究人員告訴一部分參與者，他們喝的奶昔名叫「Sensi-Shake」，它是一種節食飲料，不含脂肪，不加糖，熱量只有140大卡。研究人員告訴其他的參與者，他們喝的是一種甜點，名叫「Indulgence」；高脂、高糖，熱量高達620大卡。一週後，所有的參與者再回來，品嚐「另一種」奶昔。

　　當然，這兩種奶昔事實上一模一樣。

　　參與者喝完奶昔後，研究者測量他們身體裡飢餓肽的濃度。飢餓肽能夠引發飢餓感，也就是說，這種荷爾蒙的濃度升高，飢餓感也會升高。因此，在我們吃完一頓大餐後，我們體內的飢餓肽濃度會下降，告訴身體：「你已經

「Sensi-Shake」的圖像,把這種飲料描述成健康、低卡的飲品;
「Indulgence」的圖像,則是把同一種飲料描述為高熱量的甜點。

吃夠了。」

　　一如研究人員的預測，相信自己喝下高熱量飲品的人，飢餓肽大幅下降，下降幅度大約是他們認為自己喝下節食飲料時的三倍多。**單是相信自己吃下較多卡路里，就能導致人體生理反應產生變化，以及飢餓感的大幅下降。**

　　現在，這項奶昔研究只測試了思維的短期效應。但是，其他研究顯示，我們的思維會導致人體更強烈、持久的生理變化。例如，研究人員請擔任旅館清潔工作的女性，參與一項關於運動益處的研究。[10]所有女性都得到關於規律運動以保持健康的資訊。接著，其中一半女性也被告知，她們的清潔旅館工作，已經符合衛福部的每日運動量要求。例如，她們被告知，換床單15分鐘能夠燃燒約40大卡，而吸塵15分鐘能夠消耗約50大卡。

　　另一組參與者，並未得到這些資訊。

　　四週後，研究人員回到旅館，測量這些女性在健康上的變化，包括體重、體脂和血壓。研究發現，光是知道自己正在參與體能活動，其實就能夠改善健康成果。具體而言，相較於沒有接收到任何資訊的女性，得知自己的清潔活動可以算是每日運動建議量的女性，體重、血壓、體脂、腰臀比和身體質量指數（body mass index, BMI）都呈現下降。

　　怎麼會這樣？研究人員無法完全確定。是因為得知

自己的清潔工作可以當作運動的女性，在從事這些活動時更賣力嗎？還是因為她們知道自己達到了每日運動建議量的標準，從這件事新發現的那股自信，讓他們在飲食和運動行為上做了其他改變？雖然我們不能確知改善作用的精準機制，**這些發現顯示，單是改變一個人對自身活動的思維，就能夠產生更健康的結果。**正如哈佛大學心理學教授、這項研究的發表者艾倫・蘭格（Ellen Langer）所指出的：「我認為，這項研究顯現的是，我們對自身的心理和生理功能所具備的潛在掌控能力，遠高於大部分人的體認。」

為什麼正向思考的人壓力較少、更健康？

一如本章開始所描述的，我們認為壓力對於身體健康有重大的影響。認為壓力有害而且會使人衰弱的人，在面對具有挑戰性的情況時，皮質醇（一種壓力荷爾蒙，又稱「可體松」）濃度較高。日積月累下來，這種生理反應可能會導致健康惡化，包括高血壓和心血管疾病。

但是，**影響健康的不只是壓力感，「壓力影響健康」這個認知，本身就有影響力！**在一項研究中，研究人員請將近2萬9千人，為過去一年的整體壓力程度進行評等，並評估他們相信壓力對健康的影響程度（一點、中等，或是很多）。[11]自稱經歷龐大壓力，也相信壓力對自身健康影響

很大的人，在未來八年的死亡機率高出43％。相形之下，自認經歷許多壓力，但不覺得壓力對健康有重大影響的人，死亡機率並未高於那些體驗到一點或中等壓力的人。

　　這項發現顯示，死亡風險增加的原因，不見得是高度壓力的感受，而是高程度壓力加上認為壓力會導致負面健康影響的信念。事實上，相信壓力「非常或極度」影響健康的人，死於心臟病的機率，可能是沒有這種想法的人的兩倍多。[12]

　　另一方面，**在生活裡懷抱正向展望的人，不但覺得更快樂，幾乎在所有的生理面向上，也更健康。**[13]他們的身體病徵較少，如咳嗽、疲倦和喉嚨痛等，而且術後復原的速度較快，也較少疼痛。他們在重症與輕疾的發病率較低，如哮喘、流感、潰瘍、高血壓、糖尿病，甚至中風和冠心病，都包括在內。或許，最令人矚目的是，有項研究甚至顯示，接受卵巢癌化療的病患，高度樂觀的人，癌症標記的減退幅度較大。[14]

　　對於生活抱持正向展望的人之所以健康較佳，部分是因為他們感受到的壓力較低。他們面對困難的生活環境時，會運用調適性因應機制，例如直接解決問題、尋求社會支持、尋找事物的光明面等，對壓力採取積極防治的方法，能把壓力的效應和對人體的耗損降到最低。[15]因此，能夠養成採取這類因應方法的習慣，以「杯子半滿」來看

半杯水的人，免疫系統較為強健，也更能抵抗輕微的感染。

在一項研究裡，研究人員衡量193名成人的快樂程度，接著，經過參與者的同意，把含有感冒病毒的溶液滴入他們的鼻孔裡。[16]（請記得，感冒對於健康的人，不會造成生命威脅。）在接下來的四個小時，參與者報告他們的感冒相關症狀，如咳嗽、打噴嚏、流鼻水等等。雖然所有的參與者都直接接觸到感冒病毒，但不是全部的人都感冒發作。事實上，抱持整體樂觀展望的人，感冒症狀較少，較不會發作感冒。即使研究人員把其他影響疾病感染容易程度的變項納入考慮，如年齡、性別、身材和整體健康等，這些發現仍然成立。

所以，你可以怎麼做？轉換參考框架

在我二十歲出頭時，我的男朋友巴特和我有一次在亞特蘭大市區附近的高速公路駕車時，車輪爆胎。那一刻，我馬上驚慌失措。那是個遠在手機問世之前的年代，我擔心我們會受困好幾個小時。我擔心我得一個人走路去求援，不然就是得和車子待在原地。我擔心我們這一整天，都會給這起爆胎事件給毀了。

巴特把車停在路邊，我說出我的一堆擔心。他臉上帶著問號，對我說：「我這就去換輪胎，只要幾分鐘就好。」

在我眼裡是天大的問題，在巴特眼中卻只是小小的不

便。不到15分鐘,他換好了輪胎,我們又繼續上路。(也就是在這個時候,我決定要嫁給這個傢伙;他現在是我的丈夫。)

下列是另一個說明心智模式有多重要的個人案例。大眾新聞媒體發表了無數文章,報導孩童參加重大標準化測驗時壓力升高,還有許多教師與家長對於這些測驗的怨言。在某些區域,家長甚至在考試日讓學生請假。因此,當我的兒子羅伯特第一天前往學校參加這類測驗時,我問他感覺如何?他微笑說道:「喔,我喜歡測驗 —— 這是一年當中最棒的一天!」(顯然有其父必有其子。)

我問羅伯特,為什麼測驗日是好日子?他回答:「這一天很安靜呀。每個人都一直寫考卷,沒有人講話,還可以領到糖果。」

許多人可能(也通常會)認為,標準化測驗壓力沉重,讓人焦慮不安。但是,對羅伯特這個內向的人來說,測驗日是他非常期待的休息時間,可以暫別學校的喧鬧混亂。每個人都安靜不語、閱讀,在答案卡上塗圈圈。還有,一如他所說的,最後還可以領到糖果。這樣說來,他對測驗日有什麼好不喜歡的?

這些見聞在在驗證了許多科學研究告訴我們的事:同樣的事情,不同的人有不同的反應。

許多人認為壓力是避之唯恐不及的負面事物,因為它

會造成惡劣影響，例如孩童考試低分、高階經理人的職場過勞，還有運動員的表現失常。可惜的是，**以負面心態看待壓力，反而會增加焦慮、阻礙表現，落入自我實現的預言**，正是這種心智模式使然。

然而，**對於一個把壓力看成日常生活常態、抱持正向思維的人，壓力是振奮精神、刺激活力的體驗，能為身體注入能量，有效回應各種挑戰。**你或許已經猜到，抱持這種心智模式的人，最後的結果通常比較好。當身處於成敗緊要關頭的壓力之下，這些人能有最好的表現。

你如何面對壓力？

我相信，你現在一定在思考你自己面對壓力時的心智模式。算你走運，因為研究人員艾麗雅・克朗（Alia J. Crum）、彼特・薩樂維（Peter Salovey）和尚恩・艾科爾（Shawn Achor）研擬了一套自我測驗，評估一個人面對壓力時所抱持的心智模式。[17]請就表格中的八項陳述，勾選最符合或最不符合你的程度，然後計算得分。

請分別加總兩組四題的得分。第一組的得分愈高，你對壓力的心態愈負面。第二組的得分愈高，你對壓力的心態愈正面。

現在，你已經了解自己對壓力的想法，**無論你的分數如何，你都知道你可以轉變自己的思維。**理解心智模式如

自我量表3

	非常 不同意	不同意	有時同意， 有時不同意	同意	非常 同意
1. 壓力有負面效 應，應該避免。	1	2	3	4	5
2. 壓力的感受會 耗損我的健康 和活力。	1	2	3	4	5
3. 壓力的感受會 妨礙我的學習 和成長。	1	2	3	4	5
4. 壓力的感受會 削弱我的表現 和生產力。	1	2	3	4	5

總分：

自我量表4

	非常 不同意	不同意	有時同意， 有時不同意	同意	非常 同意
1. 壓力的感受能促進我的學習和成長。	1	2	3	4	5
2. 壓力的感受能提升我的表現和生產力。	1	2	3	4	5
3. 壓力的感受有正向效應，應該善加利用。	1	2	3	4	5
4. 壓力的感受能提升我的健康和活力。	1	2	3	4	5

總分：

何影響你對壓力的想法，是學習對壓力抱持更正向的新思維，為壓力重新建構參考框架的第一步。

正向轉變的錦囊

壓力無可避免，我們都會經歷惱人的日常憂煩，像是排很長的隊伍、與討厭的同事周旋，或是面對無窮無盡的待辦事項，覺得喘不過氣來。我們無法消除生活裡全部的壓力，但我們確實握有很高的主導權，可以掌控我們如何思索挑戰、如何為挑戰建構思考框架。你可以嘗試下列策略，更妥善地處理壓力，減少壓力對身體的負面影響。

學會放鬆

壓力之所以會對健康造成負面影響，正是因為壓力會擾亂生理，日積月累下來，會對人體造成耗損和傷害。藉由學習平衡身體對挑戰的自然反應，有助於減輕擾動，進而預防或至少減緩壓力的負面效應。**學習放鬆身心的技巧，對於減少壓力對血壓、心率和肌肉緊張的負面效應，非常有效。**[18]

深呼吸技巧就是一種簡單的放鬆方法，有助於人體回復休息與放鬆的狀態。處於壓力時，我們的呼吸頻率會自然變快、變淺。刻意專注於深呼吸，讓肺部充滿氧氣，能夠幫助整個身體放鬆，因此降低擾動程度。從戰爭服役歸

來、歷經戰鬥創傷的軍人，在進行密集呼吸練習僅僅一週後，焦慮程度就呈現降低。[19]

運用漸進式肌肉鬆弛練習（progressive muscle relaxation）技巧，可以一次專注於一個身體部位，例如手、肩、腿等，先刻意繃緊，然後放鬆每個部位。這有助於學習分辨緊繃和放鬆的狀態，對於在幾乎任何壓力情況下保持生理平穩非常有用。

引導式心像法（guided imagery）是特殊類型的放鬆技巧，結合了深度肌肉放鬆與具體的愉悅意象。這個方法的設計，是為了幫助人們在身體上放鬆，全神貫注於壓力起因之外的事物。

放鬆技巧的訓練，甚至有助於管理非常嚴重、甚至攸關生死的壓力源所引發的壓力。例如，接受放鬆訓練的女性乳癌患者，顯示壓力程度降低；而冠心症病患在接受放鬆訓練之後，後續較少發作。[20]

如果你發現自己對生活中的大小事件經常感受到壓力，你可以學習有助於安撫身心的策略。網路上可以找到許多練習放鬆的技巧，此外，本書第8章也會闡述冥想，這是一項專門用於放鬆的策略，能夠提升身心健康。

改變你對壓力的思維

一直以來，社會對於壓力在身體和心理所造成的負面

後果，一直多所描繪。但是，我們不必相信這些訊息。相反地，我們可以選擇改變對挑戰的思考框架，對壓力採取一種更正向的全新思維。

對生活抱持正面展望的人，不管在生活裡遭遇到什麼不如意，自然會對逆境重新評價，這是一種相當好的機制，以減輕這類體驗的負面生理效應。[21] 它也有助於解釋，為什麼這些人在歷經生活危機之後，比較不會陷入憂鬱。[22]

不過，光是改變對壓力的想法，就能夠產生強大的效應。學會以更具調適力的策略思考壓力的人，心理和生理都比較健康，例如把壓力想成是激勵和鼓舞，而不是耗損和衰竭。大學生在了解壓力的益處之後，例如壓力如何刺激生理反應，因而提升學業表現，對於數學的焦慮降低，數學成績也更好。[23] 這種參考框架能夠減少心血管壓力，降低壓力對人體的整體耗損。

下列是一個關於改變壓力思維的實際益處。在一項研究裡，研究人員將一家大型金融機構的員工分為兩組，分別觀看兩支影片中的一支。[24] 其中一組人觀看的影片是「壓力會造成耗損」，影片描述了壓力的各種有害層面，包括造成工作的低落表現，以及負面的健康後果。另一組人觀看的影片是「壓力是進步的動力」，影片描述了壓力在提升創意、生產力和免疫系統的好處。

一如研究人員所預測的，觀看「壓力是進步的動力」

影片的人明顯受益。他們的工作表現較好，焦慮和憂鬱的程度也較低。

人生會丟出什麼給我們，我們無法控制，但是我們都可以練習重新建構框架，把困難視為挑戰，而不是威脅。思維的轉換，對於我們的身心健康都有重大的益處。

練習疼惜自己

一個有助於我們管理壓力，同時把壓力對健康的影響降到最低的最簡易方法，就是放過自己。一如我在第1章所描述的，一個能夠高度善待自己的人，也就是具備一種以仁慈和同情對待自己的強烈傾向的人，面對負面事件的態度，比較沒有那麼嚴苛。[25]壞事發生時，也比較不會自責，因而減輕壓力的感受。

壞事發生時對自己寬容的人，比較能夠對抗大大小小的疾病。為了檢驗自我疼惜對健康的益處，有一項研究的研究人員，請受測者評估自己對自身缺點和不足的接受程度，之後讓他們接受壓力測試。[26]接下來，他們檢測參與者的炎症指數 —— 壓力與心血管疾病、癌症和阿茲海默症相關聯的生理指標。

他們的研究發現顯示，自我疼惜程度較低的人，甚至在接受壓力測試之前，炎症指數就較高，顯示這些人在日常生活中基本上壓力感較高。自我疼惜程度較低的人，在

接受壓力測試之後，顯現出更高的炎症指數，表示他們對日常生活的壓力源，以不利的方式回應。日積月累下來，缺乏自我疼惜可能會傷害健康，甚至縮短壽命。

　　因此，下列這個簡單的方法，就能讓你更快樂、更健康：**不要苛求自己。原諒自己，對自己仁慈一點，留些關懷和同情給自己。**

第3章

人愈老愈有智慧，而不是愈健忘
——心智模式對記憶力的影響

德州大學奧斯汀分校機械工程與材料科學教授約翰·
古德諾夫（John Goodenough），以他的電池開發
工作贏得許多榮譽。2014年，他獲頒德雷珀獎（Charles
Stark Draper Prize），這是工程學界的諾貝爾獎，以表揚他
對鋰電池開發的貢獻。2017年，古德諾夫教授提出一種新
電池的專利申請。他也是諾貝爾化學獎得主的熱門人選。

　　但是，古德諾夫教授最令人驚奇的，或許是他的年
齡。他已經97歲了（1922年7月25日生）。古德諾夫相
信，他最精采的研究，都是在年長時期完成的。一如他所
言：「我們有些人是烏龜，匍匐奮力前進，到了30歲可能
還搞不清楚狀況。但是，烏龜必須繼續走下去。」[1]這個
觀點讓他在七十幾歲、八十幾歲，甚至九十幾歲時，還不

斷研究各種物理問題。他也提到，他的年齡有一項真正的優勢，那就是探索新構想的自由。古德諾夫說：「你不必再為你的工作煩惱。」

現在，想一下你對於變老這件事所抱持的想法。浮現在你腦海的是什麼？在許多美國人的心目中，老少都一樣，對於年老過程都有相當負面的刻板印象。我們認為老齡時期就是人比較不活躍、健康有問題、記憶力也有問題的時期。我們甚至有專門的語詞形容年長者的健忘：「老人上身（senior moments）。」

年長者的認知處理能力，例如解決問題、反應時間和記憶力，會出現部分衰退嗎？會。

但是，這些衰退遠遠、遠遠沒有我們一般以為的那麼嚴重。人的「流動智力」（fluid intelligence），也就是問題解決能力和推理技巧，確實會隨著年齡顯現衰退的徵狀。然而，年長者的「晶質智力」（crystallized intelligence），也就是運用技能、知識和經驗的能力，得分甚至高於年輕人。[2]這項發現有其道理；畢竟，年長者磨練這類能力的時間多出很多。

在某項研究裡，研究人員問年輕人（18歲到29歲）和年長者（60歲到82歲）一系列的問題，以評量金融素養，例如利率、債務合約和經濟決策等。[3]在他們所有的評量指標上，年長者的分數都遠優於年輕的參與者。因

此，**雖然年輕人在學習新知的容易度上具有優勢，但年長者在一生中取得的知識，足以彌補他們吸收新知能力的衰退而有餘。**

健忘是老人的專利？不見得

幾年前，我有一次要前往紐澤西州的普林斯頓參加一場會議。從我在麻州的家開車前往目的地，大約是四個小時的車程。那是漫長的一天 —— 在出發前，我有課要教、有會議要參加、有衣服要洗、有諸如此類的種種事務要忙。最後，我在晚上九點離開家門，晚於我預定的時間。這個時候的我，顯然是在一陣匆忙之間上路。

在那麼晚的夜裡，路上沒什麼車，開起車來相當愉快。晚上 11 點，我抵達位於車程中點的塔潘齊大橋（Tappan Zee Bridge），這時我接到我先生巴特的電話，他打電話來問我一個問題：「妳是故意把行李箱留在床上的嗎？」

呃……不是，我絕對不想把行李留在床上。在這個時候，這通電話尤其是壞消息，因為我沒辦法回頭去拿行李。此外，特別悲慘的是，我為這趟深夜車程特別選穿的是運動褲和破舊的 T 恤，而會議時間就在早上 8 點。

我請巴特上網查看，普林斯頓區有哪些商店會在早上 8 點以前開門，我知道我不能穿著我這身衣服出席會議。你大概可以猜到他的搜尋結果：要在早上 8 點以前買新衣

服的唯一選擇就是沃爾瑪（Walmart）——這正印證了那句話：「乞丐沒得挑」，有什麼就拿什麼。

我在半夜1點過後不久抵達旅館，請旅館在早上6點叫我起床。我開車到沃爾瑪，在30分鐘之內買好那一天要穿的套裝——那是麥莉・希拉（Miley Cyrus）聯名系列服飾，不同於我典型的裝扮風格。

我在午餐時告訴同事這件糗事（這是為了獲允從那天的最後一場會議告退，好前往購物中心為接下來幾天的會議買更多衣服），我的同事忍不住放聲大笑（而現在他們每逢有會議，就問我記得帶行李箱了沒？）這件事發生在我四十幾歲時，因此人人都把我的健忘歸因於工作太重、太疲倦、事情太多。

假設這件事發生在我六十幾或七十幾歲時，你能夠想像大家會怎麼解釋嗎？**明明是同樣的事件，我們卻會根據我們所抱持的刻板印象而有不同的解釋**，前述還只是一個例子。一個忙碌的職業母親忘東忘西，我們會根據我們對這個身分所抱持的心態認為，健忘行為是因為她要同時在太多角色之間周旋所造成。同理，弄丟學生證、鑰匙或手機的大學生（發生的頻率全都非常高），沒有人會認為他們真的患了失憶症。對比之下，對於年長者的健忘行為，我們在心態上卻會假設可能是由失智症所引起的。

你將在本章學到，刻板印象不但會影響我們對健忘行

為的觀察和解讀，也會嚴重影響年長者的記憶力表現。事實上，光是提醒年長者關於年齡的刻板印象，例如記憶力理應會隨著年齡增長而衰退，就能夠導致他們的記憶力測驗表現較差。於是，測試結果當然就驗證了刻板印象，這種自我實現的過程，是由成見威脅所造成的，一如第1章所述。

與年齡相關的負面刻板印象所潛藏的危害

有鑑於我們在日常生活中，不斷提到健忘是「老人上身」，包括來自雜誌、電視節目和電影裡的訊息，年長者當然會擔憂自己的記憶力表現。我們每天都被媒體裡老化的負面形象轟炸，因此認為年老就是忘性變高、吸引力變低、活躍度變差、離死亡更近。但是，一如對成見威脅的研究從其他負面刻板印象所證明的，明白提醒年長者記憶力應該會隨著年齡增長而衰退，其實會損害他們的記憶力表現。

為了測試聽聞記憶力與年齡相關的刻板印象的影響，有一項研究的研究人員研擬了三個版本的假造報紙文章，請年長者（62歲到84歲）和年輕者（18歲到30歲）讀其中一篇。[4] 其中一篇強調與年齡相關的典型記憶力衰退，建議年長者需要仰賴他人的協助。這篇文章說：

關於年齡增長對心智能力的影響，雖然研究的發現會強化我們最負面的概念，研究人員卻指出，這並不表示年長者無法正常生活。然而，他們建議，為了維持生活適度的正常運作，年長者可能必須愈來愈依賴記憶工具，還有朋友和家人。

另一篇文章強調關於記憶力與年齡的關聯較為正向的發現，例如：

關於年齡增長對於心智能力的影響，研究的發現會繼續破除我們最負面的概念。這些發現並不支持生物變化會導致不可避免的功能喪失這個觀點，而是認為記憶衰退在某個程度上，可受環境與個人的控制。

第三篇文章為中性內容，並未提及記憶力與年齡之間關聯的具體資訊。

接下來，所有的參與者都要完成一項標準的記憶力挑戰，也就是用兩分鐘讀30個單字，之後盡可能寫下自己記得的單字。

研究人員發現，不管閱讀哪一篇報導，年輕人的表現都相對為佳。平均而言，他們記得60％的單字，而且表

現完全不會因為閱讀哪一篇文章而受到影響。

但是，你猜到研究人員在年長組的發現了嗎？你或許已經預測到了，讀到強調老年對記憶力的負面影響的年長者，記憶力測驗的表現最差。具體而言，閱讀到中性或正面文章的年長者，能夠回想起57％的單字，然而那些讀到負面文章的年長者，只記得44％。

這項研究證明了閱讀一篇關於記憶力的文章，對於年長者從事後續簡單工作的影響。那麼，在真實世界不斷聽到這類刻板印象會造成什麼樣的效應，你能夠想像嗎？或許不難。這種刻板印象本身會導致年長者的記憶力表現更差，你看出來了嗎？這正是人類心智力量的鮮活寫照。

愈是提醒，表現愈差

另一項研究則揭示，即使是最隱微的用語改變，都能引發年長者的記憶力問題。還有一項研究是比較年輕者（17歲到24歲）和年長者（60歲到75歲）在冷知識測驗的表現。[5]所有參與者都會拿到一張列有60則冷知識的學習單，諸如「鴕鳥蛋大約要花四個小時才會煮熟」，「詹姆士‧加菲爾德（James Garfield）是美國歷任總統裡鞋子尺寸最大的總統」等。研究人員請參與者研讀這些事實，表示稍後要進行這些內容的測驗。此外，這些冷知識經過隨機挑選，以確保參與者必須靠著記誦才能拿到好成績。

　　然而，關於測驗的本質，研究人員對於不同組參與者所表達的資訊，其實略有不同 —— 這正是這項研究的關鍵變因。

　　研究人員告訴其中一組參與者（有老有少），他們要接受一項記憶力測驗，他們應該盡可能「記憶」（remember）清單上的陳述，愈多愈好。具體來說，研究人員對「記憶組」是這樣說的：「在這項實驗裡，我們想要了解你們的『記憶力』有多好」，還有「第二階段的測驗，是在測試你們對這些資訊的記憶。」

　　相較之下，研究人員對另一組人說的是，他們應該「學習」（learn）清單上的陳述，愈多愈好，研究人員沒有用到「記憶」這個詞語。研究人員對「學習組」的說詞是：「第二階段的測驗，會以這些資訊為範圍。」

　　接下來，所有參與者都接受同樣的測驗，測驗內容是冷知識的是非題。研究人員更動了部分原始陳述，讓陳述變成錯的，例如「鴕鳥蛋大約要花六個小時才會煮熟。」接著，研究人員計算兩組年輕者和年長者的測驗成績。

　　一如研究人員的預期，測驗指示用語的類型，造成成績的明顯差異。研究人員用「學習」評量描述測驗時，年長者和年輕者的成績沒有差異。但是，當研究人員用「記憶」解釋測驗重點時，年長者的成績明顯落後年輕者。這些發現說明，年長者在記憶力測驗的表現，不見得會比年

輕者差；事實上，他們是因為擔心自己會應驗那些與年齡相關的刻板印象（在他們這個年齡層的人，記憶力較差），才會表現不好。

這項研究顯示，測驗的參考框架在心理學實驗裡對短期記憶表現相對細微卻關鍵的影響。

但是，還有其他的發現顯示，即使是在測試的參考架構上更隱微的變化，都能在臨床上有顯著的效應。例如，在一項針對60歲到70歲成人的研究裡，研究人員告訴半數參與者，測試者的年齡分布為40歲到70歲，因此測試者在年齡分布上屬於「年長端」；對另一半的測試者，研究人員則是描述測試者的年齡分布為60歲到70歲，讓測試者以為自己是在「年輕端」。[6]

兩組參與者分別有半數拿到一篇假造的文章，標題為〈記憶力與年長者〉。這篇文章敘述了常見於老年人的記憶力缺陷，例如不記得約會、忘記東西放哪裡（鑰匙、眼鏡等），而他們需要在行事曆和筆記本裡設定定時提醒和列表，以幫助他們因應記憶力的問題。另一半的參與者則是拿到一篇標題為〈一般能力與老年人〉的尋常報導，內容的焦點側重於認知能力會隨著年齡衰退，但是完全沒有提到記憶力的事。最後，研究人員讓所有參與者，進行一項標準的記憶力測驗，以診斷失智症。

他們的發現證明了預期對於擾亂記憶力表現的強大

力量。具體而言，相信自己位於參與者年齡分布「年長端」、讀到記憶力與老年相關問題的人，70％符合失智症的臨床標準。對比之下，另外三群參與者只有14％達到失智症的診斷標準，包括那些相信自己位於年齡分布「年長端」，但讀到並未強調年齡引發記憶力問題文章的人。至於相信自己位在年齡分布「年輕端」的參與者，不管閱讀到哪一篇文章，兩者的表現都一樣。

研究一再顯示，光是聽聞與年老相關的記憶力問題，就能造成影響日常生活的重大後果。一如南加大老年學教授莎拉・巴伯（Sarah Barber）指出的：「**年長者應該留意，不要相信關於老化的負面刻板印象，把每一個健忘時刻歸因於年紀增長，其實會讓記憶力問題惡化。**」[7]

無意識的提示，也會影響記憶力的表現

我目前描述的研究已經證明，清楚明示「年老－記憶力」之間關聯的負面資訊，以及在測試時建立參考框架這種較隱微的方法，對記憶力表現的影響。特別值得注意的是，即使是在潛意識（也就是無意識層次）提示關於年長者記憶力的負面刻板印象，也會削弱記憶力的表現。

研究人員對參與者施行隱式促發（subliminal primes），以檢視潛意識層次的提示對年長者記憶力的影響。在這類研究裡，字詞會在電腦螢幕上非常、非常短暫

地閃現，以促發參與者，但是參與者對具體的字句並沒有知覺，也無法在意識層次消化那些字句。研究人員接下來就能夠檢視，這種無意識或潛意識的促發如何影響行為。

有一項研究準備了兩組詞彙，讓超過60歲的年長者接受其中一組的隱式促發。[8]有些人接觸到與年齡相關的正面刻板印象，例如有智慧、有見識、有成就；然而，其他人接觸到的是與年齡相關的負面刻板印象，例如衰敗、糊塗和朽壞。這些字彙要符合好幾個不同面向的條件，例如字彙長度、在英文裡出現的頻率、與反映老化過程的相對典型性，以確保其他因素不會影響研究結論。

在經過兩類促發中的一種之後，所有的參與者都要完成一系列的記憶挑戰，以測試不同的記憶力類型。例如，在一項挑戰裡，參與者會看到一系列的七點排列圖，每一張紙看10秒鐘，然後要重繪剛剛看到的排列。還有一項測試是研究人員讀出一串單字，然後請參與者盡可能寫下他們記得的單字。

接著，對於接觸到與年齡相關不同類型促發的人，研究人員檢視他們在這些記憶力挑戰上的表現如何（記得，這些觸發的時間比眨眼還要短。）他們發現，接觸到與年齡相關負面促發的人，相較於接觸與年齡相關正面促發的人，記憶力挑戰的表現較差。

除了檢視無意識促發對記憶力的影響，研究人員也測

試了這些促發是否會影響人們對於與年齡增長相關刻板印象的態度。他們讓所有的參與者閱讀一篇報導,內容是有位名叫瑪格麗特的73歲女士,與長大成人的女兒同住,參加了大學同學會。接著,參與者要寫下他們對這個故事盡可能記得的細節,做為記憶力測試的一部分。但是,他們也要寫下自己對瑪格麗特的想法和意見,這是在測試他們對老齡的刻板印象。

有個接受與年齡增長相關正面促發的人寫道:「這是一位相當典型的祖母,在經歷創傷事件之後,嘗試在新情況裡調適。她關心她的子女和孫子女的幸福。她關心與自己同齡的人。」對比之下,接觸到與年齡增長相關負面促發的人,有人寫道:「變老、變得健忘,這對大部分的老人是自然的事。」還有個負面促發組的人,只是簡短寫下:「老人痴呆。」

總之,這項研究是非常重要的證據,顯示**與年齡增長相關的刻板印象,不但會影響年長者的記憶力,也會影響對年齡增長的印象,甚至是沒有知覺的負面提示,也會觸動相同的作用。**

你覺得自己幾歲?

提醒人們與高齡相關的負面刻板印象,甚至是無意識層次的提示,不但會影響記憶力,也會影響身體的感覺。

事實上，光是接受記憶力的測驗，就能讓年長者感覺更老。

為了檢視這個問題，有一項研究的研究人員，請一群年齡介於65歲到86歲的人評量自我感覺的歲數，把答案畫在兩個端點分別為0和120的標線上。[9]雖然這些成年人的平均年齡是75歲，他們的平均自我感覺歲數卻年輕很多，大約是58.5歲（好消息！）

接下來，這些參與者要完成評估認知功能和標準記憶力的簡短測試。這項記憶力挑戰是花兩分鐘檢視包含30個名詞的字彙清單，然後盡可能寫下記得的字。然後，研究人員請參與者重新評估自我感覺的年齡。

雖然這些大人一開始自評的平均自我感覺歲數是58.5歲，在完成這些測驗之後，他們的主觀歲數增加了將近5歲，為63.14歲。這項發現的突出之處在於顯示，光是完成簡短的5分鐘測試，似乎都讓人感覺老了將近5歲！顯然，接受記憶力測試正好發揮了提醒作用，提示我們的社會對於年齡增長常有的刻板印象，這回過頭來讓年長者感覺更老。事實上，後續的研究顯示，光是閱讀記憶力測驗的指示，即使連實際測驗都還沒做，就能對年長者自我認知的歲數產生類似的效應。研究人員相信，這些行動啟動了關於年齡增長的負面刻板印象，進一步讓年長者覺得更老。

研究人員在第一項研究的後續追蹤裡測試，完成這類記憶力測驗是否對年輕人有類似的效應。畢竟，或許接受

測驗本身就會讓人感到疲倦，或是覺得費神燒腦，這樣也會讓人覺得自己變老。然而，追蹤研究發現，這種測驗對年輕者的主觀年齡沒有影響。換句話說，記憶力測驗完全不會影響年輕者自我認知的歲數。

這些發現在實務上意義重大，因為一如本書後文將會提到的，**主觀年齡會影響健康。**

年齡歧視的刻板印象在真實世界的作用

目前為止，我在本書所概述的所有研究，都有一個重大限制，那就是它們全部都是在受到控制的實驗室環境裡進行。你可能已經心生質疑，關於與年齡相關負面促發的影響，我所描述的這些發現，在真實世界裡是否會起作用？換句話說，就算刻板印象的提示會在心理實驗裡影響短期記憶的表現，但是換成日常生活，這些刻板印象也會影響年長者的經驗嗎？

為了檢視年齡相關負面刻板印象在真實生活裡的效應，研究人員運用了從「巴爾的摩老齡化縱向研究」（Baltimore Longitudinal Study of Aging, BLSA）蒐集到的資料進行研究，BLSA 是全球針對記憶力和老齡化所進行時間最長的研究。[10] 這項研究檢視參與者在 38 年期間的健康和記憶力情況，因而能讓研究人員檢視與時而進的變化。

整體來說，這項研究的參與者有點不尋常，他們多半

相當健康，在1到5分（5分是最健康）的量表上，他們自評的健康程度是4.51分。他們也具備高等教育程度，其中有77％完成大學學業。

　　研究人員檢視了參與者在研究之初所進行的老齡化刻板印象評量分數。這項量表請參與者評估自己對各項陳述的同意程度，如「老年人心不在焉」，又如「老年人無法專注」。

　　接著，也就是在這些人加入研究、完成健康與老齡化刻板印象評量的38年後，研究人員對這些已進入老齡時期的人進行記憶力評量。他們進行的是一項標準記憶力測驗，看一張幾何圖形，時間是10秒，然後要畫出那個圖形。

　　最後，研究人員藉由比較兩種參與者（對老齡化抱持正面或負面刻板印象）在年長時期的記憶力測驗成績，藉以檢驗這個重要問題：對老齡所抱持的刻板印象，是否會影響記憶力表現？你現在或許已經猜到，對老化的刻板印象最為負面的人，在記憶力測驗的表現，大幅落後於那些抱持正向刻板印象的人。事實上，相較於一開始對於老齡抱持正向刻板象的人，一開始對於老齡抱持負面態度的年長者（60歲以上），日積月累之下，記憶力表現的衰退程度高出30％。

　　這些發現尤其值得注目，因為研究人員已經將許多其他可以解釋記憶力隨著時間衰退的因素納入考量，包括年

齡、憂鬱、教育、婚姻狀態、以醫院紀錄為依據的慢性病症數、種族、自評健康與性別等。總之,這項研究提供了重要的證據,顯示**對老化抱持負面觀點,不但會導致在實驗室環境裡短期記憶力的表現衰退,日積月累之下,對記憶力也有真實、持久的影響。**

文化具有重要的影響力

另外一件值得一提的重要事項是,**身處於對老齡抱持正向觀點的文化,在記憶力表現與年齡之間的關係上,年長者不會顯現同樣類型的衰退。**這項發現意謂,改變許多西方文化裡對於年老的負面刻板印象,對於改善年長者的認知能力大有助益。

儘管美國文化對於老齡抱持相當負面的態度,尤其是關於老齡對於記憶力的影響,但還是有些文化對老齡的信念,負面程度遠遠低很多。例如,中國社會對老人的評價,就比對年輕人的正面,尤其是在智慧方面。中國文化有悠久的敬老傳統,對老年人寄予敬佩和尊敬的眼光。

研究人員因此假設,老齡的提醒在中國和其他對老齡抱持較為正向觀點的文化裡,應該不會造成同樣的重大效應。為了測試這個理論,有一項研究的研究人員,檢視了中國和美國的年輕者和年長者的記憶力表現。[11]這些研究人員運用不同類型的記憶力測驗,檢視年齡和文化是否會影

響特定類型測試的表現。其中一項測驗讓受測者花10秒鐘觀看一幅由圓點排列而成的圖案之後依樣重畫；有一項則是要受測者看一些人與活動的照片，並且記憶照片的特定配對關係，例如「她每天游泳」，「他跌倒，骨盆受傷。」

一如他們的預期，在中國和美國，年輕人在所有記憶評量上都表現得很好，沒有文化上的差異。然而，美國年長者在這類測驗的表現，卻大幅落後於中國年長者。

這些發現顯示，美國樣本的記憶力變化，生物因素並不是成因，例如伴隨年齡自然出現的記憶力衰退，畢竟生物層面的老化過程，即使在不同文化，作用必定相同。因此，研究人員相信，在美國極為常見、對老齡的負面刻板印象，才是這些差距的主要原因。一如積極樂活老齡國際協會（International Council on Active Aging）執行長柯林‧米爾納（Colin Milner）所指出的：「在東方文化，耆老因為具備的知識備受尊崇。只有在西方文化的我們才會說，老人家已經引不起行銷人員的興趣，老人家比較難找到工作，老人家應該退休，什麼事都不要做。」[12]

正向轉變的錦囊

我希望你現在已經理解，記憶力與年齡相關的負面刻板印象所造成的影響，以及這類刻板印象影響認知能力的強烈程度，遠遠勝過任何內在的生物作用。好消息是，不

接受老化之必然的人，可以反制老齡負面刻板印象有害、自我應驗的影響。事實上，在我們年齡增長之時，光是得知這類刻板印象和它們的影響，就非常有助於我們提升記憶力的表現。詩人朗費羅（Henry Wadsworth Longfellow, 1807-1882）在詩作〈赴死者的致敬〉（"Morituri Salutamus"）中如此總結道：

> 老年所蘊藏的機會，並不亞於
> 青春，只是換了套衣服，
> 隨著黃昏的暮色消逝，
> 天空終將布滿白天看不到的點點繁星。

朗費羅認為，老齡是一種機會，蘊藏豐富的可能性。如果你對此也開始有同感，下列是你可以運用的一些策略，幫助你不管在任何年齡，都能夠維持、甚至強化認知能力。

不斷學習新技能

人都有沉溺於舒適、熟悉的例行事務的傾向。但是，**刻意跨出步伐、不斷學習新技能的人，即使年齡增長，心智也能長保敏銳**。換句話說，大腦這個東西就是要用，不然功能就會變差。

　　出現認知衰退早期徵兆的年長者，接受指派參加有著繁複編舞的鄉村舞蹈課程，在六個月後，大腦結構出現改善。[13]參與其他形式運動的人，如快走或溫和的伸展，則並未顯現這樣的變化。

　　學習新技能的重要性，下列是一個鮮明的例證。在一項研究裡，研究人員指派年齡介於60歲到90歲的成人從事某類活動，一週15個小時，為期三個月。[14]其中有些人要學習的是一項具有難度的新技能，例如數位攝影或縫紉，需要當事人積極參與，也涉及高度的記憶力和認知過程。有些人則是從事較熟悉而被動的活動，例如聽音樂或填字謎。另外還有一組人，則是參與社交活動，例如社群互動、田野旅遊和娛樂活動。

　　你或許已經預測到，學習新技能的人，在認知功能的提升程度，高於其他兩組。這項研究說明了敦勵自己的重要性，**不管你的年齡多少，都要體驗心智的挑戰，學習新的事物**。這類心智刺激，能夠幫助我們維持高水準的認知功能，而且效果長遠，即使在年長後也不例外。 一如這項研究的發表作者、德州大學達拉斯分校的研究人員丹妮絲‧帕克（Denise Park）所言：「光是走出去、找件事做是不夠的，重要的是走出去、做一些不熟悉，而且能夠挑戰心智的事，足以在心智上和社交上產生廣泛的刺激。」

　　因此，如果你想要在年紀增長時，還能在心智上保持

適性,就要讓自己不斷地學習,例如上課、參加讀書會,到新地點旅遊等。培養技能永遠不嫌遲,這種心智刺激,其實可以改變你的大腦。

轉換你的參考架構

對於與年齡相關負面刻板印象的風險,大家的認知愈來愈佳,研究人員進一步檢驗克服這些負面效應的策略。令人感到鼓舞的是,有些研究顯示,簡單的字句變換就能夠幫助年長者,即使面對刻板印象的威脅,還是能夠展現優異的記憶力。

南加大有幾位老人學教授,進行了一項引人入勝的研究。他們在研究裡建構了一套制度,以獎勵年長者的優異記憶力表現。[15]在這項研究裡,研究人員首先請年長者(年齡為59歲到79歲)讀一段假新聞,報導內容是與年齡相關的記憶力衰退,並請他們在閱讀完畢後,完成一項標準的記憶力活動。

但是,研究人員在這項標準的記憶力研究加了一個創意變化。具體來說,就是告訴一半的參與者,他們正確記得的每個字,都可以得到一份獎賞,也就是說,他們會額外多拿到兩個撲克牌遊戲的籌碼,這些籌碼可以在研究結束時換錢。至於其他參與者,一開始就拿到15美元,但是研究人員告訴他們,每忘記一個字,就要賠三個撲克牌

籌碼，也就是說，在研究結束時，他們要付錢給研究人員。因此，一半參與者的重點是專心學習更多單字，而另一半參與者的重點則是努力不要忘記單字。

接下來，研究人員讓這些年長者接受記憶力挑戰，結果，對記憶力挑戰的參考架構不同，分數的表現也大不相同。具體來說，有機會贏得更多錢的年長者，記憶力測驗的表現較差；相較於沒有得知任何年齡相關刻板印象的人，他們的分數低了20％。另一方面，得知忘記單字要賠錢的年長者，表現甚至優於沒有得知任何年齡相關刻板印象的人。

這些發現顯示，年長者接受測驗時（例如失智症的篩選測試），如果想要改善他們的記憶力表現，一個簡單的方法或許是臨床人員在執行這類測試時，強調不犯錯的重要性，而不是鼓勵受測者盡可能記得愈多字愈好。或許，年長者只要專注於「不忘記」，而不是「記住」，就能夠改善記憶力表現。

打破你的刻板印象

遺憾的是，媒體所描繪的刻板印象，許多都會助長對年齡增長的負面成見。好消息是，反制這些形象有助於創造關於年齡增長這件事更樂觀（說真的，也更真實）的觀點。一項精采的研究發現，政治領導人較年長的國家，對

於年長者所抱持的觀點也較正面，表示地位顯赫的模範人物有潛力改變人們對老齡的認知。[16] 此外，光是讓人們看到地位顯赫的年長者的照片，例如某家《財星》500大企業72歲的執行長，就能夠造成正向的認知。

年長者也可以銘記在年過七十、八十、甚至九十歲後實現偉大成就的典範人物，例如古德諾夫教授，藉此改變自己對老齡的負面刻板印象。畢竟，一如太空人約翰·格倫（John Glenn）所言：「有太多人在變老時，都以為自己必須按照日曆過活。」[17] 雖然格倫最出名的身分，或許是第一個繞行地球飛行的太空人，但是他在77歲時，還以酬載專家（payload specialist，到外太空進行實驗的科學家）的身分加入《發現號》太空梭組員，成為飛行太空最高歲數的人。此外，在這段為期九天的航程中（太空梭繞行地球134周），格倫還有另一個身分是美國參議員。格倫關於不要讓日曆（還有實足年齡）主宰我們的那句話，顯然是他在年屆七十之後的人生裡，還能夠持續貢獻於社會的助力。

因此，延年益壽的關鍵一步，就是改變你對於「變老」的真實意義的刻板印象。你可以怎麼做？首先，看看那些無論歲數如何，都在不斷啟發他人的影響力人物：

- 演員兼導演卡爾·雷納（Carl Reiner）在96歲時

出版了他的最新著作《忙到死不了》（*Too Busy to Die*）。

- 性治療專家露絲・韋斯特海默（Ruth Westheimer）在90歲時發表了為兒童而作的圖像小說自傳，書名為《雲霄飛車奶奶：露絲博士的神奇故事》（*Roller Coaster Grandma: The Amazing Story of Dr. Ruth*）。

- 克林・伊斯威特（Clint Eastwood）在83歲時執導電影《美國狙擊手》（*American Sniper*），獲得2015年奧斯卡最佳影片提名。

- 年過八十的露絲・拜德・金斯伯格（Ruth Bader Ginsburg），現任美國最高法院大法官。

改變你對年齡增長的心態，對於人生品質的提升、生命長度的延展都大有助益。 下次你聽到或想到關於年老的負面刻板印象時，請轉念去想那些從事教學、寫作、表演、導演、在全美最高法院執法的正面年長典範人物。

第4章

百歲人瑞的祕密：
心智模式對壽命的影響

1942年9月25日，奧地利的神經科與精神科醫師維克多·弗蘭克（Viktor Frankl）、他的妻子和他的雙親，被送進早期的一個集中營。他在那裡度過接下來的三年，但他的妻子和雙親都沒能活著走出集中營。

在被釋放後，弗蘭克回到維也納教學，他的講學主題是即使面對極為艱困的磨難，尋找意義的重要。在他的著作《活出意義來》（*Man's Search for Meaning*），他寫道：「你可以剝奪一個人的所有事物，只有一件你無法奪走：人類最終的自由，也就是一個人不管面對任何環境，對自己的態度、對自己的道路，都可以有所選擇。」[1]弗蘭克在1997年辭世，享耆壽92歲。

雖然我們大部分的人都沒有親身體驗過弗蘭克所歷經

的那種悲劇,但是所有人都能夠理解他所傳達的訊息。此外,現在也有相當多的科學證據指出,如果你想要擁有一個更長久、更美好的人生,採取這種正向思維的深切重要性。有許多方法可以讓你調整你的生活,收割這項不可思議的益處;不過,我們還是先來檢視事實。

百歲人瑞的祕密

活到百歲的人,通常會照顧好自己的身體。他們吃很多蔬菜和豆類,不吃太多肉;他們適度飲酒,不抽菸;他們也從事規律的體能活動,例如園藝、散步和健行。不過,還不只這些。

下列是世界上人瑞特別多的五個地方:

- 義大利薩丁尼亞地區(Sardinia)的奧里亞斯特拉省(Ogliastra),擁有全球最高的男性人瑞人數。
- 希臘位於愛琴海的伊卡利亞島(Ikaria),名列中年死亡率與失智症患病率全球最低的幾個地方之一。
- 哥斯大黎加的尼科亞(Nicoya)半島,中年死亡率全球最低。
- 加州羅馬琳達(Loma Linda)的基督復臨安息日會教徒(Seventh-Day Adventists),平均健康壽命比一般美國人多十年。

- 日本的沖繩，女性人瑞人數為全球最高。

生活在這些文化裡的人，絕大部分的時間都花在與廣大社交圈裡的人相處。他們住在關係緊密的社區，居民經常與家人、朋友和鄰居往來，祖孫也經常共處。

沒錯，生活在這些文化裡的人，也要承受日常生活中常見的壓力，一如我們所有人一樣。但是，他們也採取高度有效的策略，減少自己的壓力。例如，沖繩人每天會撥出時間緬懷祖先，伊卡利亞人固定小睡，薩丁尼亞人每天都會有一段放鬆飲酒的快樂時光。這些文化往往也抱持堅定的宗教和精神信仰，而信仰有助於減輕各種重大或輕微的壓力。

最重要的是，這些文化裡的人，在人生的每個年齡階段，都能找到生存的意義和目的。沖繩人說「ikigai」（生きがい，生命的意義），哥斯大黎加的尼科亞人說「plan de vida」（人生的計畫）；這兩個詞彙大致上都可以理解為「我每天早上醒來的理由」。你可能已經在你自己、親人或朋友身上看到，年過八十和九十還積極生活、參與重視的事，無論是體能活動、園藝，或是把傳統傳承給年輕一代。**無論活到幾歲，生活在什麼樣的個人環境裡，我們都需要一個理由，每天早上喚我們起床。**

尋找人生的意義和目的，與較長預期壽命之間的關

聯，已有鐵證如山。研究人員檢視了來自全美、年齡介於
20 歲和 75 歲之間、超過六千人、跨時 14 年的資料，發現
在這段期間存活或死亡的人都有一項共同的差異性：無論
年齡、性別為何，無論是退休人士或在職工作者，存活的
人都有比較強的意義和目的感。[2]

我們都能受惠於這項重要的洞見：**如果你想要活得久
一點，照顧好自己的身體，但是也要花時間與你所愛的人
相處、管理好你的壓力，並且找到人生的意義。**國家老齡
研究所（National Institute on Aging）第一任所長羅伯·巴
特勒（Robert Butler）說得好：「能夠界定人生的意義，
就能夠增加人生的長度。」[3]

對老化培養正向預期心理

活到百歲或超過百歲的人瑞身處的這些文化，都有
一個共通點，那就是他們對年歲增長的預期心理。事實
上，薩丁尼亞的居民對於老齡所抱持的信念，比義大利其
他地區的居民都來得正面。[4]一如作家丹·布特納（Dan
Buettner）在《藍色寶地：解開長壽真相，延續美好人生》
（*Blue Zones*）這本討論居民最長壽之地的書裡所描述的：

> 看來，你若是向年長者傳遞「他們被需要」的訊
> 息，他們似乎就會長壽得多。例如，在薩丁尼亞和

沖繩，還有伊卡利亞或多或少也是，都沒有真正的退休觀念。身為年長者，你不是只接受照顧，也應該要下廚、協助照顧小孩，或照料園圃。[5]

對於年過八十、甚至更年長的人，如何還能夠保持活蹦亂跳、充滿智慧，並且仍然能夠做出有價值的寶貴貢獻，這些文化採取了一種正向思維。對於老齡抱持正向預期，確實有益。有一項研究請年齡自18歲到49歲的成年人完成一項評量，評估他們對老齡的負面和正面信念。[6]這些觀點包括：

- 隨著我的年紀增長，情況會愈變愈差。
- 隨著我變老，也會變得比較沒用。
- 我現在和年輕時一樣快樂。
- 我現在和去年一樣有活力。

在評量過後的三十年間，研究人員持續對參與者進行測驗，觀察這些信念對後續健康狀況的預測力。他們的發現，提供了鮮明的證據，顯示預期心理的重要性：三十年後，對於老齡抱持負面信念的人，有25％罹患某類型的心血管疾病（心臟病、中風、心絞痛等）；相較之下，對老齡抱持正面信念的人，罹病率只有13％。

關於對老齡抱持正向預期的利益，其他研究也顯示類似的發現。抱持正向信念的人，比較不會出現各種慢性病，更能夠從殘疾中復原。[7]

對於老齡的信念，為什麼對健康有如此強烈的影響？對老齡抱持正面態度的年長者，在面對壓力情況時，有更強的韌性。有一項研究詢問60歲到96歲的成人對老齡的態度，然後詢問他們在那一天的壓力感受。[8]不意外，壓力感較高的人，整體而言有較多的負面情緒，例如恐懼、心煩和憂慮等。但是，對於老齡抱持正向態度的人，較容易度過艱困時期，重振旗鼓；他們的負面情緒沒有增加的現象。

這些發現有助於解釋，對於老齡抱持正面刻板印象為什麼對健康有益。在心懷正向信念的人眼中，變老這件事比較沒什麼大不了，因此壓力較小。這項信念回過頭來降低會導致健康惡化的負面生理反應，一如第2章所描述的。對老齡抱持正向信念的人，免疫系統因此較為強健，比較不會染患各種大小疾病。[9]

最重要的是，一個人對老齡的信念，其實會影響壽命。一項研究的研究人員，請50歲以上的參與者自評對老齡的態度。[10]接著，在往後的二十三年間，研究人員與參與者定期保持聯絡，以評量他們的健康狀況。他們的研究發現不同凡響；**對於老齡表現正向態度的人，平均壽命**

比負面態度的人多7.5歲。令人驚異的是，**態度對壽命的影響**，甚至比孤獨感、性別、抽菸和運動還要大。因此，活到百歲的關鍵之一，就是對老齡的真實意義培養正向預期心理。

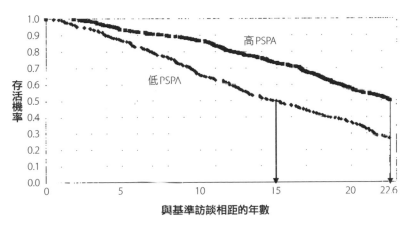

圖表4.1　高PSPA（positive self-perceptions about aging，對老齡持正面自我認知）群組的存活年中位數，是基準訪談後22.6年；相較之下，低PSPA（對老齡持負面自我認知）群組僅15年。

T. K. Levy, B. R., Slade, M. D., Kunkel, S. R., & Kasl, S. V. (2002). Longevity increased by positive self-perceptions of aging. *Journal of Personality and Social Psychology, 83*(2), 261–270.

覺得自己老，為什麼對健康不好？

你在上一章已經知道，單是覺得自己老，就會引起記憶力衰退。此外，你也可能已經料想到，不管你的實足年齡為何，你覺得自己有多老，也會影響你的老化狀況。

在一項研究裡，研究人員詢問65歲到102歲的人的年齡，以記錄他們的實足年齡。[11]接著，他們問參與者感覺自己有多老？然後記錄他們的主觀年齡。接下來，研究人員計算參與者的主觀年齡與實足年齡之間的正負差距。幾年後，研究人員再次聯絡同樣的參與者，問他們在過去一年間，是否曾經住院？

一如研究人員所預期的，主觀年齡大於實足年齡的人，曾經住院的情況較多。事實上，相較於主觀年齡低於實足年齡的人，主觀年齡大於實足年齡的人，住院率高出10％到15％。

這些發現指出思想對於身體健康的強烈影響。但是，更值得注意的是，**人對於體能活動水準的認知，能夠做為預測壽命的指標。**

為了測試人的思維對於壽命的影響，研究人員檢視了全美境內超過六萬名成人的數據。[12]這些研究參與者不但提供關於自身一般健康習慣的資訊，包括年齡、身體質量指數（BMI）、慢性病，以及體能活動水準，還回答了下列這道問題：「你認為自己和同齡的人比起來，體能活動較為活躍、不活躍，或是一樣？」

二十一年後，研究人員檢視研究參與者的死亡紀錄，追蹤完成調查的參與者當中，有哪些人已經過逝。相較於相信自己的體能活動程度高於他人的人，相信自己的體能

活動程度低於他人的人，在這段追蹤期間死亡的可能性高出71％。即使考慮到與壽命相關的其他因素，諸如BMI和體能活動的實際水準，體能活動的認知與存活之間的這個關聯也仍然成立。

這些發現說明了思維的力量，也就是說，**不管實足年齡為何，主觀年齡較年輕的人，身體較健康，活得較長久。**

正向情緒的優勢

你已經從前幾章知道，以正向思維看待世界的人，不但比較快樂，也比較健康。其實，在生活的歷程中把注意力放在好事、而非壞事的人，甚至更長壽。[13]

曾有研究人員檢視修女在年輕時（18歲到32歲）寫的自傳，[14]並且在這些敘述中，針對不同的情緒內容類型編碼，以評估正向情緒內容的比例。下列是兩個例子：

- 「我出生於1909年09月26日，在家中的七個孩子（五女二男）中排行老人……我的候選年是在聖母院度過的，在聖母會教化學，以及第二年的拉丁文。憑著上帝的恩典，我想要全力服事我們的修會，為了宣教，也為了自己能夠成聖。」
- 「在我的生命開端，上帝賜給我無可數算的價值……過去這一年，我在聖母學院修習待選，這是

快樂無比的一年。現在，我滿懷深切的喜樂，期待
領受聖母的聖規，以及與聖愛連結的人生。」

你應該能夠分辨，第一段的內容多半是關於當事人人
生的客觀事實，而第二段包含了幾種正向情緒——「快樂
無比」，「深切的喜樂」。

研究人員接著檢視這些修女過逝時的年齡，自傳的
正向情緒內容占比位居最低25％的修女，平均壽命為86.6
歲；正向情緒內容位於最高25％的修女，平均壽命為93.5
歲。即使這是一個獨特的樣本，全部都是對宗教有強烈關
注的女性，將近7年的壽命差距，也足以證明採取正向思
維，可以延長我們的壽命。

在另一項研究裡，研究人員請年齡為65歲到85歲的
參與者，針對各則評估樂觀態度的敘述評量自己的同意程
度。[15]高度樂觀的人同意下列陳述：

- 我經常覺得人生充滿希望。
- 我的人生有許多快樂的時刻。
- 我還有很多目標要奮鬥。
- 我在大多時候心情都很好。

九年後，研究人員檢視這些人的死亡紀錄；紀錄顯

示，**樂觀者的死亡率將近是悲觀者的一半。**即使把其他預測壽命的因素納入考量，包括年齡、性別、BMI、膽固醇指數、教育程度、抽菸和飲酒程度，以及慢性病、心血管疾病或高血壓的病史等，這個比例依然沒有差異。

　　樂觀態度與預期壽命之間的關聯，在一項又一項研究中得到驗證，包括一些追蹤期更長的研究。例如，梅約診所（Mayo Clinic）有一項長達30年的研究就發現，悲觀者的死亡風險，較樂觀者高出19％。[16]

　　一如全國人瑞知覺計畫（National Centenarian Awareness Project）的創始人琳恩・艾德勒（Lynn Adler）所指出的：「簡單說，人瑞是不輕言放棄的人。他們有一種卓越的能力，能在每個轉折點與人生重新討價還價，接受伴隨著年紀增長而來的失落、挑戰與變動，但不會讓年齡成為他們的阻礙。」[17]

　　即使是罹患絕症，抱持樂觀態度的病患，也比態度悲觀的病患平均多活六個月。在一項研究中，樂觀的肺癌病患在治療後五年有33％仍然存活；相較之下，悲觀的病患只有21％存活。[18]還是一樣，即使考量年齡、性別、健康相關的行為、癌症期別和治療類型，樂觀態度與預期壽命之間的關聯仍然成立。

微笑吧！你會活得更久

中國有句諺語：「笑一笑，十年少。」也就是笑能讓你多活十年。實證研究現在證明，這句話倒有幾分真。

研究人員在一項新秀棒球卡的研究裡，分析了1952年棒球大聯盟全體球員名冊中的230位球員，從中找到了微笑與預期壽命之間的明確關聯。[19]照片中的球員，有些完全沒有一絲笑容，有些則是笑容滿面。研究人員檢視每名球員的死亡年齡，還有其他影響預期壽命的變因，例如出生年、BMI、職涯年數、婚姻狀態和是否上過大學等。沒有一絲笑容的球員，平均壽命為72.9歲；只展露部分笑容的，平均壽命為75歲；真正開懷、笑容滿面的，平均壽命為79.9歲。

如果你也在猜想，開懷的笑容為什麼有增加預期壽命的實質功效？下列是一些研究人員的發現：**光是微笑這個動作，可能就會直接在身體裡，引發有益健康的生理變化。**例如，在一項巧妙的研究裡，參與者要設法咬住筷子不掉落，同時做出三種指定表情裡的一種：真心的笑容，也就是你覺得某事有趣時會自然散發的笑容；標準微笑，也就是拍照時經常露出的笑容；另一個則是面無表情。[20]

接著，參與者要保持指定的表情，進行一項相當痛苦的挑戰：把一隻手放進一桶冰水裡。

圖表4.2　這項研究的參與者，會看到上列照片的其中一張，做為適當的表情參考。面無表情組看的是左邊的照片；標準笑容組看的是中間的照片；真心笑容組看的是右邊的照片。

Kraft, T. L., & Pressman, S. D. (2012). Grin and bear it: The influence of manipulated facial expression on the stress response. *Psychological Science, 23*(11), 1372–1378. Copyright © 2012 by SAGE Publications. Reprinted by Permission of SAGE Publications, Inc.

　　實驗結果顯示，微笑對於痛感的耐受力有實質影響。兩個笑容組的參與者，心跳速度都較低，顯示他們的身體所感受到的壓力程度較低。

　　這項研究發現尤其重要的一點是，**即使是不快樂的人，微笑也能對他們有益**。換句話說，這項研究所檢驗的只是微笑的效應，也就是人們表面上做出的臉部表情，而不是人們真正感受到快樂的效應，研究結果仍然顯示，真心笑容組參與者的痛感程度較低。

　　如果你不是一個天生採取正向思維的人，你可以從更常微笑開始做起，即使是在你沒有心情笑的時候。**笑能改變別人對你的反應（向來是更好），讓你的心情變好。好心情能夠降低壓力、減慢心跳速率，改善健康。**越南僧

侶、九十多歲的作家一行禪師寫道：「有時候，喜樂是微笑的源頭，但是有時候，微笑可以成為喜樂的泉源。」[21]因此，即使是假裝快樂，時間一久，也會變得快樂，或許也能延長你的壽命。

正向轉變的錦囊

一如我在全書所描述的，我們的生活周遭充斥著關於老齡的負面刻板印象，而且對許多層面產生真實而重大的影響，例如記憶力、走路速度、健康，甚至是預期壽命等。只要我們積極努力改變這種刻板印象，就可以造就正向的成效。

美國退休人員協會服務（AARP Services）醫療長夏綠蒂‧葉（Charlotte Yeh）就是一個簡單的例子：她被車撞傷後，在復健期間使用拐杖，她發現與她互動的陌生人，經常把她當成一個完全無助的人。這些互動讓她感覺很糟糕，於是她決定用彩帶和花裝飾她的拐杖。從此之後，陌生人的反應徹底翻轉，他們開始認為她是一個有創意的人，而不是肢體障礙者。這個故事說明，**即使是細微的改變，也會影響我們給別人的觀感、他人對我們的回應，以及 —— 沒錯，還有我們如何看待自己。**

下列提供一些簡單的策略，可以用來轉變你對老齡的想法，進而提升你的生命質量。

克服適應不良的思想

有些人對於變老這件事，天生就抱持正向思維——這些人真是好福氣！但是，如果這不是你的天性，努力克服你對於變老這件事適應不良的思想（而且說真的，這些也都是不正確的思想），能夠帶來真實而正向的改變。

在一項實驗裡，研究人員運用一項名為「歸因訓練」（attribution retraining）的策略，讓年長者對於「變老」這件事的真正意義改變想法。[22]這些從洛杉磯地區老人中心召募來參與實驗的成人，年齡至少是65歲，當中沒有人有規律從事體能活動的習慣。

實驗安排這些長者參加四次一週一小時的團體課程，課程的教學者是一位受過訓練的主持人，課程內容會顛覆他們對變老這件事的觀點，例如相信變老無可避免會變得缺少運動。他們也會從課程裡學到，長者確實可以安全地從事體能活動。最後，在每次團體課程結束後，所有參與者都會參加一項一個小時的運動課程，其中包括肌力、耐力和柔軟度等各項訓練。在計畫開始時，所有的參與者全天都要配戴電子計步器，測量他們每週的行走步數。

七週之後，研究人員請所有參與者完成一項調查，評估他們對於隨著年齡增長而來的心理和身體變化的觀點。研究人員也對照了參與者在完成團體課程、運動課程前後

的運動量變化。你猜得到他們的發現嗎？

　　首先，參與者對於變老這件事的正向預期增加，睡眠增加、痛感程度降低、活力增加，日常活動的困難度也變少。第二，也更重要的是，參加這項計畫的年長者，體能活動變得更活躍。具體而言，他們的步行量增加了大約24％，大約每週增加2.5公里。這項研究顯示，**光是改變人對於老齡的信念，體能活動程度就能夠出現劇烈的變化。**

　　因此，**如果你曾經相信我們文化中對於變老這件事如此普遍的負面刻板印象，你現在就可以開始努力轉變這些適應不良的想法。現在開始，永遠不遲。**

設定有價值的目標，努力朝著目標前進

　　蘇西・威爾森（Susie Wilson）是我的導師，她是一個成就相當非凡的人。她在專業職涯的功績包括擔任《生活》（*LIFE*）雜誌的記者；協助前甘迺迪總統夫人賈姬創辦第一所白宮幼兒園（為了第一千金卡洛琳）；還有主持羅格斯大學（Rutgers University）的家庭生活教育網〔Network for Family Life Education，現名為「性別教育老實說」（Answer—sex ed, honestly）〕長達23年。

　　若真要說起來，蘇西在「退休」之後，在整體上反而變得更加活躍。她在八十幾歲時，服務於瘻管基金會（Fistula Foundation）的董事會，這是一家人道援助非營

利機構，幫助遭受生產傷害的亞洲和非洲貧窮婦女。2016年5月，86歲的蘇西成為賓州接力賽（Penn Relays）百米衝刺80歲以上大師組的完賽者。喔，不只如此，她還寫了一本自傳，書名是《一路向前》（*Still Running*），取得真好！

　　蘇西的故事和相當多的科學研究都一致說明，**不斷設定有價值的目標、努力達成，不但能夠創造良好的感覺，也是延年益壽的好方法**。事實上，本章稍早描述的百歲人瑞，正是在自己的人生中體現出這種目的感。類似地，年齡在65歲以上的人，在覺得自己朝向個人目標邁進的那一天，感覺比較快樂，第二天出現的身體病徵也較少。[23]

　　2016年的紀錄片《挑戰不可能的夢想家》（*Impossible Dreamers*），跟著游泳、跑步、網球、舉重和其他項目的銀髮運動員，拍攝他們為全美和國際競賽訓練的情形。他們的故事活生生地描繪出，人不管活到幾歲，設定重要目標、努力奮鬥，都能深深獲益。當時73歲的丹妮耶拉·芭妮雅（Daniela Barnea）提到她晉升下一個年齡組的興奮心情時就說：「我是這一組的年輕人，我可以在這裡破紀錄。」

　　我的用意並非建議各位，開始進行鐵人三項或國際比賽的訓練。但是，設定任何類型的個人目標，例如前往不曾去過的國家旅行；規劃一場大型宴會，慶祝一個具有里

程碑意義的生日或結婚週年紀念日；學習一項新嗜好等，
為這些目標努力，都是一項絕佳的策略。

自我量表 5

個人努力目標
1.
2.
3.
4.
5.

尋找你的意義

　　大屠殺是世界歷史上最悲慘的事件。你可能會以為，走過大屠殺的倖存者，預期壽命較短。然而，研究人員的發現正好相反：在戰爭期間，從集中營活著走出來的男性，相較於逃過進入集中營命運的男性，平均壽命多出14個月。[24]有鑑於我們對創傷後成長的價值所知（意指歷經極其悲慘的人生經驗後所體驗到的益處），這些發現其實很有道理。

　　大屠殺倖存者所顯現的正是這種變化，包括對於親密關係的堅定、更強的韌性，以及對日常生活中的小確幸懷抱著更深的感謝。這些引人注意的發現說明，沉重的壓力如何成為一股力量，推動思維的正向轉變，進而對生命的品質和長度，帶來豐厚的增益。

　　不管生活處境如何，我們都能夠採取行動，從事諸如下列的活動，藉此找到人生的意義：

- 找一家你覺得對你個人有意義的組織，例如環境行動、動物援救、政治維權等，擔任志工。
- 與親近的家人和朋友共度時光，例如定期規劃活動（看表演或電影、試吃新餐廳、打高爾夫球等）；與子女或孫子女一起旅行；寫下最珍愛的回憶、家

族歷史，或是為所愛的人提供建議。

- 捐助那些理念讓你心有戚戚的機構，例如博物館、大專院校、政治組織等。

事實上，無論你在哪個年紀、何種生活處境，把時間和心力奉獻於你覺得有意義的人和訴求都有其必要。最重要的是，以追尋意義感為焦點的正向思維，能夠讓你引領更長久、更優質的人生。

第 2 部

了解心智模式

第5章

你是跳跳虎，還是屹耳？
性格的重要性

在我第三次懷孕的第二孕期，外子與我到住家附近的一家醫院做例行性的超音波掃描，檢查寶寶的健康狀況。身為已經有兩個兒子的父母，當我們得知這一胎懷的是女孩時，都開心極了。

但是，接下來，醫生說了一些不是那麼好的消息；超音波掃描結果顯示，大腦有個部位有些黑點，這表示寶寶罹患重度基因疾病愛德華氏症候群的風險較高。如果她真的患了這項疾病，她將會有體重增加困難的問題，很可能活不過一歲。

我們一坐進車子，我的淚水就湧了上來。我滿腦子只想著我將繼續懷著這個寶寶直到她出生，然而我知道她很快就會死去。我想不出一個快樂的結局，在這個時候，只

要一談到懷孕，我就會哭。

我先生對於這個可能是沉重打擊的消息，卻有著截然不同的反應。他先送我回家，幾個小時後，他帶著幾件粉紅色的禮物進門 —— 有毯子、嬰兒搖床和一隻小熊，告訴我：「這個寶寶會沒事的。」他的樂觀天性，讓他遇事都會設想好結果。（聲明：這個寶寶出生時體重超過3,600公克，現在是一個雖然有點固執、但非常健康的14歲女生。）

我告訴你這個故事是為了指出，**一個人會採取什麼樣的思維，性格扮演了重要角色。**沒錯，每個人都會遭遇不幸，例如失戀、工作成果不理想、和朋友吵架、恐怖的醫療新聞，但是每個人回應不幸的方式，卻大不相同。

有些人 —— 就像我先生，不管面對任何情況，似乎都能神奇地找到光明面。或許，你聽過那個笑話，有個樂觀到極點的男孩，在耶誕節看到屋裡滿是馬糞時，歡呼道：「這裡一定有匹馬！」

還有些人 —— 我自己就是，天生不會去看事物的光明面。相反地，我們執著於過去發生的壞事，反覆咀嚼著不肯放下，在腦海裡一遍又一遍重播，對未來想像最糟的可能結果。用這種方式處世，你的感覺當然好不起來。

我會在本章描述，無論生活環境如何，那些對於生活採取正向思維的人，為什麼會比較快樂。如果你不是天生

具有正向思維的人，本章最後會提出一些你可以應用的策略，提醒你用更樂觀的眼光去看事物，活出更快樂的生活。

正向思考的力量

回想一下某個你打從心底開心的時候。或許你注意到了，當你覺得快樂時，你不大會為日常的輕微壓力煩心，如塞車、大排長龍、討厭的人，這些都不會惹到你。沒錯，這些都是常見的煩擾，但是有了好心情，你就能夠對這類事件不以為意。在商店大排長龍時，你或許會翻翻雜誌，打發等待的時間；或者，在朋友臨時取消晚餐約會時，你轉而在家看電視，度過一個意外的安靜傍晚。這些例子在在顯示，不管面對什麼處境，好心情都能夠幫助我們調適並保持正面心態。

儘管所有人都有心情好的時候，有些人卻天生就有一種本事，能以好心情經歷生活的種種——像我先生就是。這些人過起日子，不但預期他們的事情都會順利解決，也相當容易去看事情的光明面。（佛洛伊德曾經說過一個故事，有個人對妻子說：「要是我們當中一個人死了，我就搬去巴黎。」關於只預想正面結果的能力，這就是一個生動的寫照。）[1]他們也有一種韌性，能夠輕易地從負面經歷中復原。

想當然耳，採取這種正向思維的人，心理健康狀況較

佳，包括較少出現焦慮和抑鬱的症狀。這種總是把半杯水看成杯子半滿的能力，讓他們能夠隨時因應生活的挑戰。於是，他們能夠緩和艱困生活環境的影響，例如癌症診斷，或是喪偶。[2] 對生活樂觀以對的人，在學校槍殺事件中倖存之後，創傷後壓力的症狀較為輕微。[3]

好消息是，**無論個人的天生傾向如何，只要經過練習，人人都能更善於以更正向的方式因應人生的挑戰。**事實上，學習並練習採取正向思維的策略，能夠改變大腦的神經路徑，讓這種適應反應變得更自然。一如北卡羅來納大學教堂山分校心理學家芭芭拉・佛烈德里克森（Barbara Fredrickson）所指出的：「花時間學習正向情緒的自生能力，有助於我們變得更健康、更有人緣，更有韌性。」[4]

我們通常假設，歷經負面事件會讓我們心情低落。雖然失望、憂煩的生活經歷，對於快樂確實有短期與長期的影響，但真正重要的不只是這類事件的經歷本身，而是我們的回應方式，或是所採取的觀點。總之，即使歷經一模一樣的事件，回應和思考方式不同，也會對感覺有重大影響。

那麼，讓我們從檢視天生樂觀的人如何保持正向觀點開始。此外，一如我將在本章所描述的，無論是尋常的日常壓力源，還是情節更嚴重的生活遭遇，人們的思考和回應方式都存有實質的差異。

採取行動

以正向展望看待生活的人，會直接迎擊、回應壓力源。當待辦事項多到讓他們感到招架不住時，他們會坐下來做計畫，一項一項地解決。當他們與同事或朋友出現爭執，在冷靜之後，他們會主動聯絡對方，化解問題。

選擇直接迎擊問題，有助於消除（或至少減緩）問題。或許是縮短待辦事項清單，或許消除歧見所引發的緊繃。樂觀者的術後恢復速度較快，部分是因為他們會尋找關於預後的資訊。[5] 這些知識給他們真實、務實的策略，在術前做準備，在術後做療養。

即使遭遇希望渺茫的嚴峻處境，以正向心態看待生活的人會不斷前進、堅忍不拔。一如南非積極行動者、前總統曼德拉（Nelson Mandela）所描述的：

> 我打從骨子裡就是個樂觀主義者。我不確定我的樂觀是天生如此，還是後天養成。樂觀的表現之一就是面向太陽、腳步不停前進。在許多黑暗時刻，我對人道的信念遭遇到殘酷的考驗，但是我不會、也不能任由自己陷入絕望。等在那條道路上的，是落敗和死亡。[6]

　　另一方面，**抱持負面展望的人，因為預期惡劣的結果會落在自己頭上，於是在面臨困難處境時選擇放棄**。他們可能會忽視問題，指望問題會自己消失不見，任憑待辦事項清單愈來愈長、爭議愈拖愈久。這種「把頭埋進沙子裡」的鴕鳥心態，讓他們無法得到可能有助於情況改善的實際資訊。此外，他們那認為沒有任何事情會好轉的執念，也會損及他們採取行動的能力。例如，在痛失所愛的人之後，他們在客觀上或許明白，加入喪親支援團體是件好事，但從來不曾真正去做。

　　抱持正向展望的人，即使是在壓力時期，也比較容易往前邁進，這部分是因為他們有較強的社交支援網絡，包括更多的朋友、更深厚的關係。[7]這並不令人意外，因為大部分的人都喜歡與快樂、樂觀的人相處，勝於那些總是愁眉苦臉、思想負面的人。這些良好的社交網絡，反過來成為一股力量，有助於緩衝日常生活壓力源的負面效應。不幸事件發生時，有朋友和家人做為堅強後盾的人會知道，他們可以倚靠親朋好友的幫助。於是，這些事件感覺起來壓力也緩和得多。非常嚴重的事件臨頭時，例如癌症診斷或天然災害，強而有力的後盾，甚至有助於人們應變。[8]

找到光明面

　　以正向眼光看待生活的人，有一種卓越能力，那就是

不管面對任何情況，都能從裡頭找到好事。這種把半杯水看成半滿的能力，讓他們能對負面事件不以為意，並且永遠能夠發現一些神奇的光明面。

我家老大安德魯，顯然就有這種正向思考的天賦。九年級時，他的西班牙語課成績不理想，秋季學期的成績是50分，我對此相當焦慮。終於等到了學期末，安德魯對我說，關於西班牙語課，他有好消息要告訴我 —— 他得意地宣布，他在期末拿到了58分 —— 但是這和我預期的好消息，實在是差遠了。

然而，安德魯毫無懼色地說，這個分數比期中平均高了8分。但我指出，58分仍然是「F」（不及格），結果安德魯以他一派的樂觀答道，58分其實是一個「F⁺」。接著，我提醒他（此時或許已經有點失去心平氣和），我是個教授，世界上沒有所謂「F⁺」這種分數。但是，他再次指出，以他的發展路徑（也就是進步8分）來看，第二個學期結束時，他應該會拿到66分。

顯然，安德魯是樂觀看待所有事物的大師，儘管他的西班牙語課成績分明不理想，他對於他的得分的解讀（F⁺），其實相當有鼓勵作用。畢竟，一個能夠打電話回家報告自己考了58分這項好消息的人，在尋找事物的光明面上，絕對擁有卓越的能力。

實證研究也證實了這種樂觀主義框架的許多益處。有

一項研究網羅的參與者是正在約會階段的情侶，研究人員對他們說，他們要各自完成一份一模一樣的問卷，問卷的作用是判斷約會的兩個人對彼此的觀感是否一致。[9]他們讓情侶在一張小桌子面對面坐下，發給他們看似一樣的問卷。兩份問卷一開始確實是一模一樣的；第一頁的問題都是兩人相識的地點、約會交往期間有多久。

不過，在問卷的第二頁，研究人員在問題上做了點手腳。其中一份問卷在這一頁的問題是寫下自己討厭對方的事項，另一份問卷則是要作答者寫下自己的宿舍房間、臥室或公寓裡的每一項物品，而且還要求作答者務必列出至少25項物品。

現在，想一下第一份問卷作答者的感受：他們應問卷要求寫下他們不喜歡對方的事項，而且相信對方也在回答一樣的問題，他們看著另一半振筆直書，以為自己真的有那麼多事情讓對方討厭（至少25項）。

最後，雙方要針對自己對另一半的感覺、約會關係的滿意度評分。

研究人員的發現，並不完全符合一般的預期。自我感覺不是那麼優越的人，當他們相信另一半對自己抱持相當負面的觀感時，自評的滿意度和親近感都較低。這項發現說來合理；畢竟，如果我們相信自己的戀人對自己有這麼多批評，大部分的人都會被觸怒。

　　但是，那些對自己感覺良好的人，也就是用正面觀點過生活的人，研究結果的發現卻相反。事實上，在這些人眼中，當他們相信伴侶對自己有一長串的不滿時，反而會讓他們感覺與對方的關係更加親近。為什麼？這個嘛……因為他們認為，如果伴侶覺得自己有這麼多缺點，卻仍然和自己約會交往，那麼伴侶對自己的愛必然十分濃烈，才會不顧這所有的缺點，仍然留在自己身邊，不是嗎？或許，這個人真的是靈魂伴侶？換句話說，即使是應該會破壞關係的經歷，高自尊的人也能夠接納，並且從中找到益處。**這種不管遇到任何狀況都能從正面看事情的能力，能在人際關係中創造更高的滿足感。**

Let It Go

　　卡內基美隆大學計算機科學教授蘭迪・鮑許（Randy Pausch），在45歲時被診斷罹患了胰腺癌。在歷經一年的治療卻沒有成效之後，醫生告訴他，他的癌症已經是末期，預估只剩三到六個月的「健康」生命。

　　在這個殘酷的預斷宣判後不到一個月，鮑許做了一場樂觀、鼓舞人心的演講，題為〈最後一堂課〉（"The Last Lecture"）。他在演講中分享了他如何把人生活到極致的諸多智慧，其中一個要點就是體認到活得開心的價值。如他所指出的：「絕對不要低估開心的重要。我已經死到臨

頭，我還是要讓自己過得開心。我要每天不斷地享受樂趣，因為除此之外，過日子沒有別的更好的方法。」[10]

鮑許的訊息正好點出，樂觀者即使面臨真正險惡的環境，也會抱持的應對態度。他們著眼於他們可以控制的事情（以他的例子來說，就是讓自己開心），不會放任自己沉溺於哀傷和懊悔中。

這種放手的能力，有助於當事人保持正向觀點，尤其是在他們對情況完全沒有掌控權、因此無法逕自採取行動去修正或解決問題時。相較之下，天生無法從光明面看待事物的人，在面對無法掌控的嚴重事件時，通常會淹沒在負面的想法裡。

在一項研究裡，研究人員檢視人們對重大天然災害的反應——其實就是1989年發生在舊金山附近的洛馬普里塔大地震，造成57人喪生，以及龐大的財產損失。[11]有些人表示，他們想要拋開這場災害的負面感受，於是從事一些能夠轉移注意力的事，例如和朋友一起做些開心的事，或是去一個最喜歡的地方，藉此不去想這件事。有些人則說自己對這場災難無法釋懷，例如他們會不斷地回想地震發生的那一刻、喪生者，以及下一場地震會發生什麼事等等。

兩個月後，研究人員同時調查兩組人，檢視他們過得如何？你可能已經預料到，對於災難無法釋懷的人感覺變差。耽溺於地震的負面想法的人，相較於不耽溺的人，出

現較多憂鬱症與創傷後壓力疾病的症狀。

不斷執著於負面思想，日積月累之後，甚至會造成臨床上的抑鬱症。例如，伴侶因絕症辭世後，一直無法走出來的人，在六個月後陷入憂鬱的風險較高，即使考慮了社會支援度、悲觀、性別和和其他生活壓力源也一樣。[12]事實上，耽溺於創傷事件的人，出現臨床上的抑鬱症的風險，是沒有耽溺者的四倍（20％與5％）。[13]

這種負面思想的循環，也會造成身體的病徵。[14]持續顯現負面思想的女性乳癌患者，不只憂鬱程度較高，而且痛感較強烈，身體症狀較嚴重，生活品質也較低落。

這些發現指出憂鬱症的一項關鍵預測指標，那就是無法對不幸釋懷。換句話說，**憂鬱的人執迷於有害的想法，並且陷入這個負面循環，無法自拔。**一如心理學家茱塔・朱爾曼（Jutta Joormann）所述：「他們基本上陷入一種思維，一而再、再而三地重溫過去的經歷。」[15]不意外，一再重溫人生的負面遭遇，會拖垮一個人。

基因決定了50％的快樂

人對自己和對世界的觀感為什麼會如此不一樣，下列是其中一個原因：性格至少有部分源於你的基因，因此有些人比較容易採取正向思維。事實上，研究顯示，一個人的快樂大約有50％取決於基因，基因有助於解釋為什麼

有些人比較樂觀、外向,甚至韌性比別人強。

我們究竟要如何從基因預測一個人的快樂?雖然這是一個大家不斷在探究,顯然也很重要的問題,但是研究人員目前才剛開始理解能夠解釋其中關聯的機制。

有一項研究檢視超過830對成人雙胞胎(同卵和異卵雙胞胎都有),以檢驗基因組成與後天環境對於健康的預測力量。[16]參與者首先完成各種快樂預測因子的評量,例如自我接納、自主感、個人成長、正向關係、對目標的追求,以及對自己人生的掌控感。

他們的發現顯示,基因對於快樂的六項條件全部都有預測力,但關聯基因會因條件不同而異。換句話說,我們無法以單一基因預測快樂,快樂的條件不同,有預測力的基因也不同。

基因也有助於解釋,為什麼有些人在生活中即使面對艱困的環境,也似乎能夠一路順利過關,但是有些人卻陷在負面思想裡動彈不得。有一項縱貫性研究(又稱「長期性研究」),檢視人從出生到26歲期間的生活壓力事件,例如失業、虐待和傷殘,能否預測憂鬱症。[17]某一種基因組成的人,不管歷經多少生活壓力事件,出現憂鬱的情況,並沒有高於完全沒有歷經壓力事件的人。但是,另一種基因組成的人,歷經四起或更多生活壓力事件時,將近有一半出現憂鬱症。他們也比較會出現自殺的念頭。

　　有些人認為，能夠從基因預測快樂，這項資訊相當讓人灰心。畢竟，這意味著有些人就是比其他人更容易找到快樂。儘管這是真的，我對於快樂與基因的關聯，想法非常類似新陳代謝，也就是人體對熱量的燃燒速度。有些人的新陳代謝速度較快，多半可以隨心所欲地吃，卻不會發胖。（我不喜歡這種人，但世界上確實存在這種人。）有些人無法享有快速新陳代謝的好處，因此他們對飲食必須更謹慎，並且從事規律的運動，以保持身材苗條。但是，即使是沒有快速新陳代謝體質的人，只要致力於健康飲食和規律運動，也可以達成保持纖瘦的目標。

　　所以，儘管有些人在找到快樂這件事上有先占優勢，可能完全不需要費什麼勁，就能夠找到快樂，例如我的西班牙語學者兒子安德魯大概就屬此類。**但是，不管有什麼樣的 DNA，任何人都可以在日常生活中找到著力點，讓自己更快樂。**

正向轉變的錦囊

　　每個人都會歷經挑戰，例如糾纏不去的健康問題、財務困境、消退的友誼等等。人生就是不可能避開所有這類挑戰。

　　但是，我們確實可以掌控自己對這些事件的想法和反應。一如鮑許在他的〈最後一堂課〉裡所描述的：「你必

須決定,你要當跳跳虎,還是屹耳。」你可能知道,跳跳
虎對所有事情都衝勁十足、熱情澎湃又積極樂觀;另一方
面,驢子屹耳卻是悲觀、哀怨又憂鬱。

但是,不管你的天生傾向如何,只要透過練習,你都
可以學會轉換思維,提升人生的品質,還可能增加生命的
長度。這是非常重要的一步,因為有相當多的科學證據都
指出,**不斷回想或沉溺於人生的負面事物,真的會傷害我
們慎思明辨的能力,日積月累下來,甚至會造成嚴重憂
鬱**。你要做的,只是對你的思維做一些相當簡單的調整。

為挑戰建構正向框架

要改變思維、變得更快樂,一項相當簡單的策略,就
是為日常挑戰重新建構解讀框架,把焦點放在挑戰的益
處,而不是壞處。我有個朋友就有一項絕佳的策略,即使
遇到車禍造成的交通阻塞,也能在這百般無奈的情況裡找
到光明面;他提醒自己,他的情況比發生車禍的那個人好
太多了。

抱持正面觀點的人,即使是面對棘手的情況,也能
夠找到一些幽默感。《紐約時報》專欄作家亞瑟・布魯克
斯(Arthur Brooks)曾描述道,他們處於青少年時期的孩
子,讓他們在參加親師會時如坐針氈,而他太太的反應
是:「至少我們知道他沒有作弊造假。」[18]

幽默有利於我們應對日常生活的煩人瑣事，但是在面對惡劣的人生境遇時，幽默尤其重要。例如，纖維肌痛症是一種侵蝕健康的慢性病症，特徵是全身疼痛，患有這種病症的人，如果能以微笑和笑聲面對日常生活裡的輕度壓力源，例如服務生不小心把水濺到你身上，就能降低心理壓力，身體症狀也較少。[19]一如第2章所述，這種對事情泰然處之、不以為意的能力，能夠減輕壓力和壓力對人體的負面生理效應。換句話說，笑或許是最好的藥，至少在某些情況如此。

下一次，當你遇到不愉快的情況，先從中找到它的益處，不管多小都可以，盡可能把注意力放在益處上。關於如何著手為負面經歷重新建立解讀框架，下列是一些例子：

- 被困在機場嗎？我們偶爾都會抱怨從來沒有屬於自己的自由時間，何不利用這個機會，打電話給朋友，或是讀一本好書？

- 升遷跳過你嗎？現在是你精雕細琢履歷表，或是探索其他職涯選項（或許能帶給你更大滿足感）的完美時機。

- 除夕夜沒有計畫？不要沮喪 —— 除夕夜不是平安夜，出門並不安全。你不是唯一待在家裡的人。你可以舒服地窩在電視機前面，自在地觀賞慶典，或

是早點實行那個新年新希望 —— 整頓並清理那個
爆滿的衣櫥。

雖然這些都是化解生活常見輕微壓力源的簡單辦法，
要用什麼樣的思維去應對，操之在你，而以正面樂觀的框
架去解讀它們，會讓你的感受真正改變。

接納負面感受，然後繼續往前走

正向思考的跳跳虎與負面思考的屹耳，兩者最重大的
差別之一在於是否能對壞事釋懷。跳跳虎可以；屹耳通
常不能。雪上加霜的是，為自己心情惡劣而責怪自己的
人 —— 不意外地，心情往往會更加惡劣。

有一項研究詢問一千三百多人，是否會因為自己的負
面思維和感受而批判自己。[20]討厭自己的負面情緒的人，
抑鬱和焦慮的程度較高，心理健康和生活滿意度也較差。
他們基本上落入一個負面循環：為自己的負面想法和感受
而情緒低落，接著又沉溺於壞心情。你可以想像，這很快
就會形成一個惡性循環。

想要測試你自己的負面傾向嗎？肯塔基大學的研究人
員建構了一份正念問卷，[21]可以用於評量一個人的自我批
判傾向。請評量你對右頁表格內各項敘述的同意程度。

加總你在這五項的得分，看看你的自我批判傾向有多

自我量表6

	非常 不同意	不同意	有時同意， 有時不同意	同意	非常 同意
1. 我會告訴自己，我不應該有現在這種感覺。	1	2	3	4	5
2. 我會評判自己的想法是好或壞。	1	2	3	4	5
3. 我會告訴自己，我不應該採取現在的這種思考模式。	1	2	3	4	5
4. 我認為我有些情緒是糟糕或不適當的，我不應該有這種感受。	1	2	3	4	5
5. 當我有不合邏輯的想法時，我會不認同自己。	1	2	3	4	5

總分：

強。分數愈高，代表你自我批判的傾向愈強。**如果你發現你確實經常自我批判，重要的第一步就是努力接納這些想法和感受，不要為它們而自責。**多倫多大學心理學教授布

瑞特‧福特（Brett Ford）曾說：「其實，我們處理自身負面情緒反應的方式，對於我們的整體健康極其重要。能夠接納這些情緒，不帶批判或嘗試去改變它們的人，能夠更順利因應由它們而來的壓力。」[22]

因此，如果你發現自己的思緒，不斷盤旋於與朋友的爭吵、工作上的難關或是政治現況，請換個方法：辨識並接受這些負面思想和感受。例如，你或許有「我覺得寂寞」或是「我的工作不順利」的想法——**承認你的感受、接納它，然後繼續往前走。**

尋找快樂的朋友

你可能已經知道，快樂就像流行感冒一樣具有傳染力。很多人都有看起來總是心情愉快的朋友和喜愛的人，和這些人相處，也能夠讓我們神采飛揚。

別人的快樂會影響我們自身的快樂，關於這種效應的證據，最清楚的研究之一檢視了一項大型社會人際網絡研究的資料。這項研究的研究人員，蒐集了麻州佛萊明罕鎮（Framingham）三十年間（1971年到2003年）超過五千人的資料。[23] 雖然該項研究是為了評量與心臟疾病相關的風險因子（肥胖症、抽菸和飲酒）而設計的，研究人員也會詢問參與者的「社會關係」，這些社會關係包括親人（雙親、配偶、兄弟姊妹）、朋友、同事和鄰居。這項研究的

參與者會列出他們生活裡的人的名字，因此研究人員可以檢視他們更廣的社會人際網絡，以及他們與聯絡人的鄰近度，也就是這些聯絡人與參與研究的當事人住得有多近。（切記，這項研究是在1971年展開的，那個年代的人沒辦法靠手機、電子郵件或簡訊工具與遠方的親友保持聯絡。）

這項社會人際網絡分析的發現明顯指出，**快樂具有感染力。具體來說，一個人如果身旁有許多快樂的人圍繞，隨著時間過去，他也會更快樂**。例如，一個人住處的方圓一英里之內，如果住了一個快樂的朋友，這個人的快樂會因此增加25％。擁有快樂的伴侶、快樂的隔壁鄰居和快樂的兄弟姊妹（住在方圓一英里內），也能讓一個人變得更快樂。

令人更訝異的或許是，快樂也可以透過間接方式提升，意思是透過社會人際網絡裡更廣的關係而來。例如，如果你有一個快樂的朋友，你的快樂會因此增加15％；但是如果你的朋友有一個快樂的朋友（即使你的朋友不快樂），你的快樂也會因此增加將近10％。即使是更遠的人際關係，也能讓我們快樂：如果一個快樂的人是你的朋友的朋友的朋友，也能讓你增加5.6％的快樂。

雖然這項社會人際網絡分析著眼於人脈網絡裡有快樂的人的優點，但是這些人際關係當然也會有反作用。你可能已經從生活經驗中知道，在負面的人身邊，會讓你心情

自我量表7

讓我心情變好的人	讓我心情變差的人
1.	1.
2.	2.
3.	3.
4.	4.
5.	5.

不好。請利用自我量表7的表格,花點時間釐清讓你心情變好的人,以及讓你心情變差的人。然後,盡你所能,盡量與能夠讓你心情變好的人在一起。

關於負面體驗的力量如何在人際網絡裡傳播,有研究人員進行了一項創意測試,檢視不快樂如何透過社群媒體

散播開來。在這項研究裡，研究人員先評量臉書貼文所傳達的正面情緒和負面情緒。[24] 接下來，他們把這些情緒表達的頻率，與每個發文者所在的城市降雨量做比較。你可能已經猜到，人在雨天會發布較多負面情緒、較少正面情緒。事實上，在像是紐約這樣的大城市，相較於非雨天，城市居民在下雨天時的負面貼文會多出 1,500 則。

但是，這項研究更有趣的是，研究人員接著檢視一個人的臉書貼文，如何影響其他城市的朋友所發布的情緒表現。他們的發現再次強力證明，人際關係網絡感染情緒的力量。臉書上有一個朋友發布負面內容，會增加其他臉友發布負面貼文的機率，也會降低其他臉友發布正面貼文的傾向。回到紐約市的例子，紐約市的一個下雨天，不只會讓居民增加 1,500 則（經歷雨天）的負面貼文，也會讓住在其他地方的朋友（不見得經歷雨天）增加 700 則負面貼文。

雖然你不一定能讓負面的人從你的生活中消失，例如近親、鄰居或同事，但是你可以刻意讓自己更常與那些讓你心情好的人相處，較少和那些讓你心情惡劣的人相處。 對於那些天生不具正向思維傾向的人，這項策略尤其是好建議。我在本章的開場描述到，即使我被擔憂和哀傷所淹沒，我先生仍然對我們的女兒的健康抱持樂觀態度。或許你現在能夠白，我為什麼選擇嫁給他！

第6章

比較心理是竊取快樂的小偷：
環境的重要性

你很難想像有什麼成長環境會比加州帕羅奧圖市（Palo Alto）更恬靜。它是一個位於矽谷心臟地帶的寧靜小鎮，就在史丹佛大學對面。孩子生長在要價數百萬美元的豪宅裡，上一流的公立學校，似乎盡享金錢所能帶來的種種優勢。

然而，過去十年，在這個高教育水準、富裕的小城鎮裡，出現了一些青少年自殺事件，其中有許多都是用跳車軌的方式結束自己的生命。事實上，帕羅奧圖的青少年自殺率，是全美平均的四到五倍。

雖然自殺的因素很多，幾乎每個人都同意，帕羅奧圖壓力沉重的中學歷程至少是部分原因。頂尖大學的入學申請，競爭激烈；兩所在地中學的其中一所，2015年畢業

班有64％的學生GPA達3.51以上。大部分的學生都修習了好幾門大學先修課程，在家庭作業和課外活動上投注了大量時間，他們的肩頭承受了從父母、教師和同儕的龐大壓力，覺得自己非得出類拔萃不可。

但是，且讓我們停下來想一想，在這個精英環境裡，「壓力」真正的意義。這些孩子不必擔憂沒有足夠的食物，也不必為晚上沒有安睡的地方而煩惱，更不必擔憂住在犯罪熱區或戰火摧毀的社區所遭受到的人身威脅。所謂的「壓力」（至少是這些學生感受到的壓力），幾乎全部來自於他們自己的想法，或許還有他們父母、同儕和老師的想法。這些中學生之所以感受到壓力，正是因為他們抱持著一種思維：快樂的祕密，就是進入享負盛譽的大學。

在本章，你會發現環境因素（包括我們的鄰居、國家和社會媒體報導），如何引導我們以特定的方式看待自己，以及這些觀點如何讓我們的感受變得更糟（至少在某些情況下如此）。你也會學到寶貴的策略，減少這些會讓我們崩潰的外在因素的影響，轉而專注於如何從你的內在找到真正的快樂。

比較心理的陰暗面

社會比較（social comparison）是人性根本而自發的衝動。與他人做比較，有助於我們理解自己在人群裡的表

現如何，包括我們的長處和短處。幾乎在所有面向上，我們都用這些比較評估自己，包括外表、所得、成就等。

這樣的比較具有重要功能，因為人生中有許多層面，都沒有清楚的客觀標準。例如，假設某個人的年薪是10萬美元，這樣的薪資如何？對於一個在阿坎薩斯鄉村地區的教師來說，這樣的薪資水準可能相當優渥，但是對於一位紐約曼哈頓的律師來說，可能會覺得寒酸。因此，我們拿自己與周遭環境裡的人做比較，可以做為評估自身處境的簡單方式。

雖然社會比較可以做為評估自身表現的實用方法，但是比較也會產生妒羨的感受。我最喜歡的一部卡通裡，有兩個人在聊天，其中一個對另一個說：「我是個知福惜福的人，但是當我數算別人更多、更好的福分時，我就會生氣。」這項訊息正好點出，比較心理如何讓我們對自己的生活感覺更糟。

有一項研究的研究人員告知加州公務員，有個網站按人名順序列出每個公務員的詳細薪資資訊。[1]你可以預期得到，許多人都選擇上網查看同事的薪資水準；這封發送給數千名員工的電子郵件，造成網路流量出現一波高峰。

幾天後，研究人員發給同樣一批員工一封追蹤電郵，在電郵裡詢問當事人對於工作的滿意程度，尤其是對薪資的滿意程度。一如研究人員的預測，發現自己的所得低於

同職務同儕的人感覺不開心。相較於沒有收到電郵的人，他們對自己目前的工作較不滿意，也更想找一份新工作。畢竟，他們現在發現自己的薪資比不上同儕的薪資，這種比較當然會讓他們情緒低落。

下列是一個關於比較風險的思考實驗：你曾經收過「逢年過節炫耀信」嗎？你知道我說的是什麼──在信裡面，把家庭成員描述得似乎個個飛黃騰達，從得獎的運動賽季，到傲人的學業成就，還有在昂貴的異國旅遊所流露美好溫馨的家人情感。

你在讀到這樣的信之後，感覺如何？對大部分的人來說，這些信件是一種強迫的社會比較，讓我們對於自己平庸的生活感覺更糟糕。精采的假期、令人讚嘆的事業成就、排得滿滿的社交行事曆等，**聽聞他人的美好生活，在在都讓我們對自己的生活感到悲哀**。據說老羅斯福總統曾說：「比較心理是竊取快樂的小偷。」[2]

富鄰悖論

這些關於比較之害的發現，有助於解釋一個經常存在、卻令人費解的現象：為什麼人在所得增加之後，不見得會變得更快樂？我們通常預期，更多金錢能夠帶來更多快樂；畢竟，金錢能夠買到應該能讓我們快樂的東西。

雖然絕對所得（也就是我們所擁有金錢的總金額）與

快樂程度相關，但是要預測滿意度，相對所得（也就是我們和周遭的人相比，所得多或少）潛在而言卻更為重要。為什麼？因為我們對自己所得高低的感受，並非單純來自我們的客觀財富，而是我們的財富與對等群體的財富比較的結果。

在一項評估相對所得重要性的精采研究裡，研究人員要求參與者一定要從下列兩個選項中選一個：[3]

- A選項：目前年所得5萬美元；其他人的年所得為2萬5千美元。
- B選項：目前年所得10萬美元；其他人的年所得為20萬美元。

這項實驗設計設定了一個清楚的選擇：你寧可客觀所得較高（B選項），還是所得高於身邊的人（A選項）？這個選擇的答案，似乎不用想也知道該怎麼選——我的意思是，大家當然都喜歡賺更多錢，不是嗎？

但或許出人意料的是，超過一半的研究參與者選擇A選項，顯示他們偏好整體所得較低，只要賺得比其他人多就好。這個例子說明我們有多麼熟悉比較心理對於我們的感受，影響有多重大。

關於比較心理如何影響我們自身的快樂，這項研究發

現也有助於解釋，為什麼家有富鄰的人其實比較不快樂。

在另一項研究裡，研究人員詢問了全美將近三千個人，以如下的陳述為自己的物質欲望評等：

- 我佩服擁有高價房子、車子和服飾的人。
- 我喜歡生活裡有很多奢華的事物。
- 我喜歡擁有能讓別人讚嘆的東西。
- 要是我擁有某些我現在沒有的東西，我的生活會更好。[4]

參與者以1到5分為這些敘述項目評分（1分為非常不同意，5分為非常同意），然後把分數加總，分數愈高表示對擁有物質的興趣愈高。研究人員也評估了這些人的整體家計所得，並且藉由檢視他們郵遞區號所在地區的整體所得和貧窮率，評估這些人的整體家計所得在鄰里間的社經地位概況。

研究人員的發現與過去的研究一致：所得愈高的人，對於購買實體物品愈不感興趣。這項發現說得通，因為擁有舒適生活水準的人，應該比較不關注取得更多物資的需要。

然而，居住在富有鄰里的人，對於購買物質品比較有興趣。他們的衝動購買行為較強，儲蓄行為較弱。研究人員相信，在環境裡經常接觸到財富，會產生一種相對剝奪

感。因此，人們會以增加物質欲望的方式，做為對這種感受的回應，這應該是企圖維持社會地位的舉動。

但是，對物質的追求，不見得能夠帶來快樂。事實上，**密切關注購買商品的人（通常是意圖藉此向他人傳達地位和尊榮），在人際關係裡比較不快樂，也有較多的心理問題。**

即使在國家層級，相對剝奪感也會傷害幸福快樂感。有一項大規模的研究，納入居住在158國的80萬人，檢視他們的生活滿意度與日常的整體心情感受。[5]雖然所得水準與快樂程度呈現正向關係，富國居民的擔憂與憤怒感卻也較為強烈。富國可能生活步調較快，工業化程度高，因而沐浴在大自然的機會較少，這些可能都是負面效應較強的成因。

此外，**富國居民比較會從事有害健康的社會比較。**富國居民會感受到所謂的「渴望缺口」（aspiration gap），意思是他們所擁有的與他們所想要的事物之間所出現的差距。你或許已經預測到，這個缺口愈大，感受會愈差。

其實，他們沒有你想的那麼幸福快樂

有一次，我應邀對一小群某校的校友演說。當我抵達主事者的家，映入眼簾的是一個內外布置宜人的漂亮居家——專業挑選的家具、地毯和窗飾；美侖美奐的精緻

造景，還有一群外燴員，端著銀製托盤送飲料、遞食物。
那一家人同樣令人印象深刻：一對令人驚豔的夫妻，有著
兩個打扮得體、舉止得宜的年輕孩子。那是一個愉悅的傍
晚，活動結束後，我坐進我的車子，心裡想著：這一家人
擁有的，想必就是所謂的完美生活。

　　老實說，我把我親眼目睹的這個完美生活，與我自己
那個不那麼完美的生活做了比較 —— 我那間亂七八糟的
房子，我那片雜草叢生的草坪，還有我那些擺著臭臉的小
孩。我想著：真的，這一家人擁有完美的生活，而我自己
的生活，永遠不可能相提並論。

　　第二天，我對某個朋友提到參加這場活動的事，他問
我是否知悉這家人的過往？我當然一無所知。後來，我才
知道，這是那家男主人的第一次婚姻，卻是女主人的第二
次婚姻。她在畢業後幾年，和她大學時期的男朋友結婚；
婚後不到一個月，飛機撞上他辦公室所在的世貿中心北
塔，他當場死亡。他甚至還沒看過他倆的結婚照。

　　關於隱藏在比較心理背後的錯誤邏輯，我從中學到重
要的一課：我們永遠不會知道他人生活的真實故事。我們
的比較是根據別人表現在外的表象，在某些情況下，甚至
是經過選擇呈現出來的表象。一如經濟學家賽斯·史蒂芬
斯－大衛德維茲（Seth Stephens-Davidowitz）所指出的，
人花在洗碗盤的時間，是打高爾夫球的六倍，但是關於高

爾夫球的推特訊息，大約是洗碗盤的兩倍。[6]類似地，雖然拉斯維加斯的廉價旅館馬戲團（Circus Circus）與奢華旅館貝拉吉歐（Bellagio）的房間數量大約相同，但臉書上關於進住貝拉吉歐的貼文，出現頻率大約是馬戲團旅館的三倍。

即使這些圖像讓人豔羨，我們卻無從得知其他人真正的感受如何。一如契訶夫筆下的小說人物伊凡・伊凡諾維奇（Ivan Ivanovitch）所言：「我們看著別人上市場買食物、白天用餐、晚上入眠，我們看著別人閒聊扯淡、開心嬉笑⋯⋯但是我們既聽不到，也看不到別人的痛苦，以及在生活幕後上演的那些壞事。」[7]

契訶夫的直覺有扎實的印證，在某一個系列的研究裡，研究人員詢問大學生，在過去兩週裡，他們有多常遭遇到各種負面事件（例如得到低分，或是追求男女朋友時被拒絕）和正面事件（例如參加好玩的派對，與朋友出遊）？[8]研究人員也請受訪者估計，其他學生遭遇同樣事件的頻率。

你能夠預測他們發現的結果嗎？在每一件負面事件上，學生都相信自己比同儕更常遭遇到。例如，雖然有60％的學生在過去兩週課業拿低分，他們卻相信只有44％的同儕拿低分。另一方面，學生也相信同儕比自己更常遇到正面事件。例如，雖然只有41％的學生表示在過

去兩週參加過有趣的派對，他們相信有62％的同儕有這樣的經歷。

令人難過的是，對這種差距的認知（即使是錯誤的認知）與負面影響相關。低估同儕所遭遇負面事件、高估同儕所遭遇正向事件的學生，感覺都更寂寞，對生活的滿意度也較低。

許多大專院校現在都致力於反制這種錯誤認知帶來的負面影響，他們的做法是鼓勵大家分享自己的失敗。例如，麻州北安普敦市（Northampton）的史密斯學院（Smith College）展開了一項名為「跌得漂亮」（Failing Well）的計畫，讓學生和教授分享他們在個人和專業上的失敗經驗，希望藉此建立對每個人都會遭遇到負面事件的覺知。其他學校也在採行類似的計畫，包括史丹佛的「復原力專案」（Resilience Project）、哈佛的「成＆敗專案」（Success-Failure Project），以及賓州大學的「賓大群像」（Penn Faces）專案等。

普林斯頓大學的心理學與公共事務教授約翰斯·豪斯霍佛（Johannes Haushofer）寫了一份「失敗履歷」，回顧他在學術職涯裡吃過的每一次閉門羹。⁹這張清單列出了拒絕他的研究所課程、拒絕他的學術職位，以及他沒有拿到的獎學金。他寫下這樣一份文件的動機是，他意識到人的成功通常擺在人前、顯而易見，但失敗卻非如此。一如

豪斯霍佛所說的：「我嘗試過的事，大部分都失敗了，但是這些失敗通常不為人知，而成功卻人人都看得到。我發現，有時這會給別人一種印象，以為我做的事情大部分都順順利利……這份失敗履歷的用意在於平衡紀錄，開拓視野。」

下列是我自己在專業發展上的一些挫敗，我甚至還沒有納入回絕我的投稿的期刊編輯和書籍出版社的長長名單：

我沒有考上的博士班：
1991 耶魯大學，心理學系
1991 密西根大學，心理學系
1991 UCLA，心理學系

我沒有錄取的學術工作職位：
1996 羅格斯大學，心理學系
1996 喬治亞州立大學，心理學系
1996 史丹佛大學，心理學系
1996 密蘇里大學哥倫比亞分校，心理學系
1997 明尼蘇達大學，心理學系

人在人前展現的樣貌，幾乎隱藏了大半他們所歷經的真實故事，只要切記這點，我們都能更快樂。一如作家安

妮‧拉莫特（Anne Lamott）所言：「盡量不要用你的內在和他人的外在做比較。」[10]

科技之害

從網際網路到手機，再從臉書、推特到Instagram，科技的進步在某些方面為我們的生活增添快樂。畢竟，我們能夠利用這些科技與所愛的人保持聯絡，即使相隔遙遠也能克服距離的問題。

遺憾的是，有清楚而一致的證據顯示，科技也會減損快樂。關於網際網路對個人健康幸福的影響，卡內基美隆大學的羅勃特‧克勞特（Robert Kraut）在1998年進行了最早的研究之一。他的研究發現，網路用得愈多，孤寂感和憂鬱的比例愈高，與同住家人的溝通愈少，社交圈也愈小。[11]最近，2010年有一項研究，檢視了40項研究的資料後發現，網路使用對於快樂有一項微小但攸關重大的效應。[12]

為了檢視社群媒體對孤寂感的影響，威斯康辛大學教授宋海雲（Hayeon Song）與她的團隊，分析了臉書使用量與孤寂感現有相關研究的數據。[13]研究人員之所以選擇以臉書為焦點，因為這是目前最受歡迎的社群媒體，臉書的用量占全球使用者上網時間的54％，占美國使用者上網時間的62％。

在綜合了使用臉書對孤寂感的影響的其他許多相關研

究之後發現，**孤寂感增加，使用臉書的時間也會增加**。換句話說，覺得寂寞的人，比較容易受到臉書的吸引，這或許有部分原因是，害羞或覺得自己缺乏社交技巧的人，對這種社會連結關係感覺較為自在。只可惜，這些人花在臉書上的時間愈多，並不會讓他們與他人更有連結感 ——**臉書無法減輕孤寂感**。

在另一項研究裡，研究人員檢視了臉書的使用對於快樂的影響。他們發送簡訊給密西根安娜堡（Ann Arbor）的居民，一天五次。[14]每一次他們都問居民，距離上次接到簡訊，他們的臉書用量、他們感受到的憂慮和孤寂程度，以及他們與其他人有多少直接互動？

還是一樣，這些發現顯示，**使用臉書有實質的負面效應**：在兩次簡訊之間，臉書使用量愈多，相較於研究一開始，整體生活滿意度衰退的幅度愈大。下列似乎是個無可避免的結論：臉書看起來顯然讓人更不快樂。

不過，臉書的使用會損害我們的快樂，原因何在？

一個可能的原因是：增加臉書用量會導致妒羨程度增加。反覆瀏覽臉書尤其可能引發妒羨，因為我們的往來圈通常是在某些方面與我們類似的人，說來並不奇怪，聽聞和我們相似的人成功，可能特別難受。

臉書也會讓人更難以避免比較，因而對快樂產生負面影響。有多少人在臉書和Instagram上，不斷看到朋友發

布看似美好時光的影像 —— 只要想想這點，就可以明白這個道理。當然，我們自己的生活實在無法與之匹敵。（我在中學時期沒有受邀參加的那些派對，幸好我不必去看它們的照片，真是謝天謝地！）這種不斷的比較有助於解釋，為什麼在社群媒體和智慧型手機之類的電子裝置上花較多時間的青少年，患有憂鬱症的比例較高，也更常有自殺的念頭。[15]

一項最近的研究提出了令人信服的證據，證實臉書的使用對於我們的健康特別具有負面影響。[16]在這項研究裡，研究人員首先檢視人們每天花在臉書上的時間，還有他們所從事的活動類型，例如給其他人的貼文「按讚」、發文更新自己的近況，以及點擊連結等。接著，他們檢視這類互動的頻率，是否與一年後的整體健康幸福相關。研究人員發現，在臉書花較多時間的人，一年後在身體健康、精神健康與生活滿意度上，水準較低。

因此，**對於想要追求更多幸福快樂的人來說，一個相對簡易的策略就是戒掉瀏覽社群媒體的習慣。這麼做，能夠降低令人沮喪的社會比較的機會，以更好的方式善用由此釋放出來的時間**，一如我將在第8章裡介紹的。此外，當你花時間在社群媒體上，請試著呈現你的真實生活，不要只發布美好的片段。我上臉書時，會刻意發布像「我的孩子個個都有頭蝨」之類的貼文，在此聲明，這些不如意

經常是真實情況。

正向轉變的錦囊

「不落人後」的欲望，或許是人性。但是，為了達成別人所設下的標準而持續不斷累積的壓力，會讓我們對自己的生活感覺更糟。社會比較愈多的人，愈不快樂，對自己的生活較不滿意，也更常憂鬱。[17]

如果你發現自己經常在做這種比較，下列是你可以採行的一些簡單策略，幫助你轉換思維，把思緒從別人身上移開，轉而專注於自己的內在去尋找快樂。

避免比較

馮內果（Kurt Vonnegut）有一首精采好詩，描寫他參加一名富翁主辦的宴會時，與作家約瑟夫・海勒（Joseph Heller）的對談。馮內果問海勒，在得知這位富翁在一天之內所賺的錢，多於他從他的小說《第22條軍規》（*Catch-22*）所賺的錢時，有何感想？海勒回答道，他擁有一樣富翁永遠無法擁有的東西。「那是什麼？」馮內果問。

海勒說道：「我滿腹的知識。」

這首詩生動地說明，**漠視比較是找到真正快樂的唯一路徑**。一如猶太教經典《妥拉》（Torah）裡的名言：「富足的人是誰呢？樂其本分的人」〔《祖父聖訓》（Pirkei Avot）

4章1節〕。在拿自己與他人比較的傾向上，個人之間有很大的差異。想要測驗你自己的比較傾向嗎？愛荷華－荷蘭比較傾向評量（Iowa-Netherlands Comparison Orientation Measure, INCOM），幫助你評估拿自己與他人比較的傾向有多強。[18]請評估你對自我量表8各項陳述的同意程度。

加總你在各項的分數，看看你與人比較的傾向。得分愈高，表示你的比較傾向愈強，請盡一切可能阻絕自己的比較心理。

透過練習，我們也可以學習把比較心理用於能讓我們感覺更好的事物，而不是感覺更糟的事物。從事志工的人更健康、更快樂的原因之一（第11章會有更多論述），就是志工的經驗改變了他們所做比較的本質。[19]

轉移這些比較對你來說，如果做起來有些彆扭，我可以和各位分享，我是如何提升自己轉變框架的能力，學習變得更快樂。我那個學西班牙語的兒子在學習路上跌跌撞撞，在我對他的學業前景感到相當沮喪時，我會提醒自己（有時候是每小時提醒一次）：「至少他沒有患白血病。」我知道，這麼說相當灰暗，但這是事實：全世界的父母都希望孩子在奮戰的是西班牙語，而不是化療。

表達感謝

把焦點放在生活裡發生的壞事，而不是好事，或許是

自我量表8

	非常 不同意	不同意	有時同意， 有時不同意	同意	非常 同意
1. 我經常與別人比較人生的成就。	1	2	3	4	5
2. 我總是關注我做事的表現相較於其他人的表現如何。	1	2	3	4	5
3. 我經常比較自己所愛的人（男朋友或女朋友、家人等）和別人的表現。	1	2	3	4	5
4. 如果我想要知道自己在某件事的表現如何，我會拿自己做的事對照別人的表現。	1	2	3	4	5
5. 我經常比較自己和別人在社會面的表現，例如社交技巧、受歡迎的程度等。	1	2	3	4	5

總分：

人的本性，至少對許多人來說如此。但是，一如哲學家愛比克泰德（Epictetus）所言：「不為自己沒有的事物而哀嘆，為自己擁有的事物而歡欣，才是理性之人。」[20]

要增進我們的快樂，研究指出一項非常簡單的策略：著眼於讓我們感恩的事物。在一項研究裡，研究人員把參與者分成下列三組：

- 第一組參與者，寫下他們在過去一週的生活裡覺得感恩的五件事情（即「感恩組」）；他們列出的事情包括上帝、朋友的仁慈、滾石樂團等。
- 第二組參與者，寫下他們在過去一週的日常生活裡遇到的五件麻煩事（這是「麻煩組」）；他們列出的事項包括有太多帳單要付、找車位困難、雜亂的廚房等。
- 第三組參與者，只列出上週發生的五件事（這是「控制組」）；他們列出的事項包括參加音樂節、學習心肺復甦術，以及清理衣櫃。[21]

在實驗開始之前，所有參與者要每天記錄心情、身體健康，以及一般的態度。研究人員可以比較不同組別的參與者隨著時間出現的變化。

你認為，他們發現的結果是什麼？感恩組的快樂感足

足高出25％，他們對於未來更樂觀，對自己的生活感覺更好。特別突出的是，這一組的人每週比麻煩組或控制組的人多做將近1.5個小時的運動，疾病的症狀也較少。

這類簡化的方法，是否只在相對年輕、健康的人身上發揮作用？畢竟，這類人在生活裡有許多感恩的事，重大壓力源也相對較少。為了檢驗這個問題，在一項後續研究裡，研究人員召募了患有神經肌肉疾病的成人參與研究，這類疾病會引發關節和肌肉疼痛，還有肌肉萎縮，因此會讓人嚴重損耗虛弱。

研究人員請這些參與者連續三週每天記錄，指定紀錄主題為下列兩種當中的一種：有些人只寫日常生活經歷（這些人是控制組）；其他人寫下日常生活的感恩事件（這些人是感恩組）。

還是一樣，研究再度顯現，**記錄感恩事項能夠產生實質益處**。處於感恩組的人，對於他們的生活整體更滿意，對於未來的一週也更樂觀。有意思的是，他們也睡得較好，這是非常重要的發現，因為優質睡眠通常是快樂和健康的指標。

類似地，完成一項六週線上感恩介入措施的女性乳癌患者（每週寫一封信對某人表達感謝），所顯現的心理健康和對癌症的調適力較佳。[22]這些發現顯示，光是記錄感恩事項，不只是有益於心理，還有益於身體，即使是與嚴

重、甚至威脅生命的健康狀況奮鬥的人也能受惠。

因此，現在請用片刻時間，為你的生活進行一項「感恩增強計畫」。首先，在下列表格列出你在目前生活裡覺得值得感恩的事項，不是一旦你退休、中大樂透或買新房子就會感恩的事情。

自我量表 9

我覺得目前生活中值得感恩的事項
1.
2.
3.
4.
5.

請定期找方法讓自己聚焦於感恩事項，你可以寫一本感恩日誌，在每晚睡前或每早醒來時記錄；建立家庭傳統，在每天的晚餐桌上輪流說出自己在那一天的感恩事項；或是一個月一次特地發送感謝信給別人。

尋找你的意義

本章一開始描述了帕羅奧圖青少年在追求進入常春藤名校時所承受揮之不去的壓力。這些學生以及他們的家長與同儕，尋找快樂都找錯了地方。沒有證據顯示，上名校或追求賺大錢的職涯，會讓人比較快樂。

那麼，**快樂的預測指標是什麼？答案是在你的工作、社區和家庭，從事你個人認為有意義的事**。有意義的事，會因為人生階段而有所不同，可能是挑選你有熱情的主修科系，或是在你的社區選一項志工活動，或是挑選某項職業或產業。《意義：邁向美好而深刻的人生》（*The Power of Meaning: Finding Fulfillment in a World Obsessed with Happiness*）一書作者艾蜜莉・艾斯法哈尼・史密斯（Emily Esfahani Smith）述及青年在比較的世界裡所面臨的挑戰：「他們不會成為下一個馬克・祖克柏。他們不會有像報紙上寫的那種訃聞。但是，那並不表示他們的人生不重要、沒有價值。我們身邊都圍繞著一群我們可以觸動、改善他們生活的人，我們可以從中找到意義。」

我有個朋友，她的先生在華爾街頂尖的金融公司工作多年。有一天，他回到家裡，向妻子坦承，他痛恨他的工作，必須辭職。雖然他們還有大學貸款要付，她支持他的決定。現在，她的先生是個消防員。我問她，在先生的職涯出現一個這麼大的急轉彎之後，他們的生活過得如何？

她生動地描述了他對工作的熱情。顯然，他現在能夠「蹦蹦跳跳地去上班」，正是因為他終於找到了他的意義，這讓他（還有她）比過去坐擁高薪時更快樂得多。

實證資料證實，從事有意義的活動，是快樂的重要條件。例如，一項最近的研究顯示，公共服務律師（公設辯護人、非營利組織的內部律師、刑事檢查官等）日常的心情與健康優於傳統（名號更響亮的）事務所的律師。[23] 這樣的差異，原因何在？可能與工作時數無關，因為這兩類律師的工作時間都很長（雖然在有收費時數要求的公司工作的律師，快樂感較低。）當然也不是因為錢，因為公共服務律師的收入，遠低於傳統事務所的律師。

兩群律師的快樂出現懸殊差異，真正的直接原因最有可能是從事公共服務職涯的律師，從工作中找到更大的個人意義和興趣。一如這些研究人員所指出的：「律師要過得快樂，與層級、富裕和聲望的關聯，遠遠比不上找到一份有趣、引人入勝、為幫助有需要的人而投入、對個人有意義的工作。」

我們的社會不斷地比較，製造出一種錯誤的印象，以為快樂藏在對外在目標的追求裡，包括物質、地位和名聲。但是，研究發現說明，**真正的快樂藏在對內在目標的追求上，著重的是個人成長，以及與他人以有意義的方式建立關係。**

第7章

接納逆境：創傷的重要性

1990年11月27日深夜，普林斯頓大學大二生BJ‧米勒（Miller）在走回宿舍的路上，做了一個改變人生的決定。當時是凌晨3點，在喝了一晚上的酒之後，他決定爬上停在校園的一列通勤電車的車廂頂。BJ遭到1萬1千伏特的電力電擊，幾乎要喪命。直升機把他送到附近的醫院，醫生必須切除他膝蓋以下的雙腳，左手肘以下的臂部也必須截肢。

經過幾個月的手術和物理治療之後，BJ回到普林斯頓，在1993年與同屆班級一起畢業。雖然要繼續不斷承受相當大的痛苦，BJ恢復了大部分的體力，甚至加入美國排球代表隊，參加1992年的巴塞隆納夏季殘障奧運。BJ現在是在舊金山執業的醫師。

　　這個故事在幾個層次上極為勵志，當然，BJ面對這樣一樁悲劇事件的能力，道出他強大的心智力量。然而，儘管他從這段經歷得到那麼多的收穫，也打造了如此令人讚嘆的生活，我們一定還是會想，要是他不必與這種痛苦和損失周旋，他的人生不知道會輕鬆多少？

　　「要是可以，你會讓時光倒流，改寫意外發生的那個夜晚嗎？」──對於這個人人心裡都會有的疑問，BJ的回應可能出乎你的意料之外。他的回答是：「不會。」他接受《普林斯頓校友雜誌》（*Princeton Alumni Magazine*）專訪時告訴記者：「它帶給我太多好事了。在意外發生之前，我並未以醫學為職志，要是我不曾有過那段經歷，我不認為我會成為優秀的安寧緩和醫療醫師。」[1]

　　BJ熱烈地談到他對他的病患一拍即合的投緣和同理心。他治療的對象是失去肢體的退伍軍人，還有因意外而癱瘓的人，他發現，他的外表其實能夠幫助他的病患。畢竟，當他一走進病患的病房，病患只要看到他的身體就知道，在某個程度上，他了解他們的感受。

　　BJ這種身處嚴峻環境還保持正向觀點的能力，證明心智模式對一個人發展的塑造力。**雖然我們的人生無法一帆風順、規避所有損失，但是要怎麼看待嚴重創傷，我們確實握有相當的掌控權。**因此，無論如何，學習採取正向心態，是常保快樂的關鍵。

理解「創傷後成長」

經歷過有生命威脅的疾病、身體虐待、所愛的人死亡，以及其他磨難，會迫使我們以新的方式思考自己和這個世界。如果能夠意識到這個現象，善用它化悲傷經驗為重新評價的機會，在生命中找到更崇高的意義，就能對我們有益。

面對打擊沉重的個人境遇時，要看到事物的任何光明面，雖然看似非常困難，但是幾乎任何逆境都還是可能找到一些益處。例如，經確診的癌症病患，會歷經人生優先順序的變化、更豐富的精神生活，以及與所愛的人有更緊密的關係。一如丈夫在50歲時死於心臟病發的哥倫比亞大學人文教授、詩人伊麗莎白・亞歷山大（Elizabeth Alexander）所言：「無論如何，我們必須讓打擊塑造我們，讓我們的靈魂更堅強、更美麗。」[2]

心理學家把這種觀點取替（perspective-taking）描述為「**創傷後成長**」（posttraumatic growth），**意即在與人生重大危機奮戰之後歷經的重大正向轉變**。當人奮力去理解或處理創傷，這種成長就會發生，產生有意義而長久的改變。

如果你歷經一項重大創傷，你可以用創傷後成長量表（Posttraumatic Growth Inventory, PTGI）測驗你從這個事

件得到的創傷後成長程度。自我量表10的十項陳述是這項測驗的短版,[3]請你抽空回答各題,並且加總各題答案的分數,計算總分。

分數愈高,代表整體的創傷後成長幅度愈大。這張量表評估的是創傷後成長的五項元素:欣賞人生、與他人的關係、人生中新的可能性、個人力量,以及靈性。這些類型的成長,每一項都能幫助我們以正向態度面對創傷事件。

一如你可能已經預料到的,能夠在磨難裡找到一些光明面的人,能夠得到較好的結果。例如,能夠在癌症診斷書裡看到益處的人,壓力與憂鬱程度都較低,正向效應較高,整體生活品質也提升。[4]此外,一如你在第2章看過的,在逆境裡採取正向思維的人,隨著時間過去,身體健康狀況較佳。例如,被診斷出有糖尿病、但能從這項經歷找到一些益處的青少年,會更密切遵守建議療程,因此預期的健康狀況更佳。[5]

即使在情況糟到看似找不到通往真正快樂的出路時,能夠體認到歷經重大困境能帶來價值和意義,也有助於促進平靜,並且保持平衡。例如,喬丹‧海陶爾(Jordan Hightower)在她22歲的妹妹喪生於2010年的海地地震之後,對於如何過她自己的人生,在心態上有了轉變。她說:「我體悟到,等待體驗人生是一種愚蠢的行徑,因為她的人生突然被奪走,而我可能就是下一個。我開始真正

自我量表 10

	非常 不同意	不同意	有時同意， 有時不同意	同意	非常 同意
1. 我改變了我對人生重要事項的排序。	1	2	3	4	5
2. 我對於我的人生價值有更多的體悟。	1	2	3	4	5
3. 我能夠在人生中成就更好的事物。	1	2	3	4	5
4. 我在心靈層面上擁有更多的認識。	1	2	3	4	5
5. 我與他人感覺更親近。	1	2	3	4	5
6. 我為我的人生開闢了一條新道路。	1	2	3	4	5
7. 我現在更明白，我可以克服困難。	1	2	3	4	5
8. 我的宗教信仰變得更虔誠。	1	2	3	4	5
9. 我發現，我比自己想的還要堅強。	1	2	3	4	5
10. 我深深發現，人們有多麼美好。	1	2	3	4	5

總分：

的生活。」[6]喬丹現在走過23個以上的國家,與朋友、家人共度優質時光。她不再為自己的教職低薪、住小公寓而煩惱。

大部分的人都會在某個時間點歷經重大損失,可能是所愛的人死亡、嚴重的疾病或傷害,或是離婚等。**人生不可能一路避開所有厄運,但是我們可以選擇著眼於其中的收穫,而不是損失,從光明面看待這些極為艱難的經歷。**一如喬治福克斯大學(George Fox University)創傷反應研究中心(Trauma Response Institute)主任安娜・貝拉蒂(Anna Berardi)所說的:「走過創傷,大部分的人都會變得更有智慧,對人生有更深的感恩。」[7]

逆境提升小確幸

壓力沉重的人生事件,究竟如何幫助我們提升健康?從負面事件中倖存,能夠增加我們體會簡單事物並感受其中樂趣的能力,例如美麗的日落、扣人心弦的小說、一杯香醇的美酒等。歷經一些逆境可能也有助於提醒我們,學會欣賞日常生活裡的小確幸,停下來聞一聞玫瑰香。

某項研究的研究人員邀請1萬5千人完成一份品味(savoring)量表,「品味」是一種情緒調節,可以讓人延長、提升正向情緒體驗。[8](你可以這樣品味一條美味的巧克力棒:在開始吃之前先想像一下,當你真正吃到它

時，它會有多麼美味；當你真正開始吃的時候，小口小口地吃，有助於味道更持久，讓你能夠真正專注地感受巧克力在你口中的滋味有多麼美妙。）

接著，他們詢問受評者，他們曾經歷過哪些逆境事件？例如，所愛的人死亡、離婚，或是嚴重的疾病或傷害等。仍在與磨難奮戰的人，雖然品味正向事件的能力較低；但是，過去曾經歷過險惡事件的人，則展現出較高的品味能力。換句話說，**過去曾經歷、應付過負面生活經驗，似乎能夠增進人們享受愉快經驗的能力。**

這些發現有助於解釋一個令人費解的現象，那就是快樂往往會隨著年齡而增長。人活到六十歲，都曾經歷過人生的苦難，例如失去所愛的人、職涯的挫敗，或健康問題。儘管我們或許認為，歷經這些類型的事件，會讓往後的歲月蒙上一層陰影，進而讓人隨著年齡增長而感到更苦悶、無助和悲觀，但其實我們不必為此害怕。事實是，年紀愈大，人感受到的負面情緒就愈少、正面情緒就愈多，這表示邁入七十、八十歲大關的人，比青少年更快樂！[9]

在另一項研究裡，研究人員對1,500個年齡在21歲至99歲的成人做調查，問到關於他們整體生命功能的狀況，包括生理功能、認知功能和心理功能。[10]雖然我們可以預期，年紀較長者的生理功能與認知功能較為低落，但是他們的心理健康程度卻較高。具體來說，**人愈老，對生**

活愈滿意，也愈少感受到壓力、焦慮和憂鬱。一如加州大學聖地牙哥分校健康老齡中心（Center for Healthy Aging）主任迪力普・傑斯特（Dilip Jeste）醫師提到的：「參與者表示，年復一年，十年復十年，他們對於自己和自己的人生感覺愈來愈好。」[11]

人為什麼愈老愈快樂，有許多不同的成因。但是，其中一個解釋是歷經人生苦難會改變我們的心態，而這種轉變會讓我們感到更快樂。

根據「年齡相關的正向效應」（age-related positivity effect），相對於負面資訊，年長者一般而言偏好正向資訊，對於正向資訊的注意力也較持久。[12]舉例來說，研究人員給他們看一群表情各異的臉孔時，年輕者最常看的是威脅表情，然而年長者會自然而然地被快樂表情所吸引。[13]他們記得的正向事件也多於負面事件。換句話說，年長者通常會刻意把注意力和記憶力放在美好事物上，然而年輕者往往注意壞的地方。猜猜看，哪一種焦點可以帶來更多快樂？

心態的轉變，明顯反映在大腦對不同類型事件的處理方式上。有一項研究的研究人員在受測者進入MRI機器時給他們看照片；受測者分為兩組，一組是19歲到31歲，另一組是61歲到80歲。[14]有些照片傳達的是正向體驗，例如贏得比賽的滑雪者，有些照片則是呈現負面體

驗，例如受傷的士兵。研究人員測量受測者的大腦活動，看看受測者對於這些照片的認知，是否會因年齡而異。

與他們預期相反的是，觀看負面影像時，兩組受測者並沒有差異，至少在神經層面如此。然而，年長組觀看描繪正向體驗的影像時，處理情緒和記憶的大腦區域（分別是杏仁核和海馬迴）都隨之啟動。這表示年長者對於正面事件有非常深刻的銘記，處理美好事物的大腦區域基本上像是在說：「記住這個」；在年輕組就沒有看到這種大腦活動。

因此，**隨著年齡增長，我們會愈來愈善於注意美好事物，忽視惡劣事物，而這種心態上的轉變會讓我們更快樂**——不意外。一如當時94歲的艾爾文・曼恩（Alvin Mann）對《紐約時報》描述他的「好好變老」策略時所言：「當然，其中有一部分是仰賴醫療科學，但更多是因為我們的人生無憂無慮；我們至少不讓任何自己無法掌控的事來煩擾我們。」[15]

人生磨難能夠培養惻隱之心

2013年4月15日，卡洛斯・阿雷東多（Carlos Arredondo）在觀賞波士頓馬拉松賽事時，聽到一聲爆炸巨響。雖然他不知道還會不會再發生更多爆炸，他立刻衝到一個雙腳嚴重出血的年輕人身邊。一張頭戴牛仔帽的阿雷東多推著坐

在輪椅裡的傑夫·鮑曼（Jeff Bauman）的照片，成為當時象徵英雄行為的影像。

是什麼樣的力量，讓卡洛斯不顧自己生命可能遭受威脅，立刻挺身行動？他個人的苦難遭遇想必是其中一個原因。卡洛斯的長子服役於海軍陸戰隊，2004年在伊拉克喪生。他的幼子在失去哥哥之後，患了重度憂鬱症，在2011年自殺身亡。這些悲劇可能增進了他對他人的同理心，並從事搶救生命的利他行為。

歷經人生重大損失的人有這樣的憐憫襟懷，並非不尋常的事。縱貫性研究顯示，從配偶死亡到罹患肺癌，許多歷經這種種磨難的人，在人格上都出現重大變化。[16]這些變化包括社交能力與依賴度的提高，以及利社會（prosocial）信念的增強。事實上，將近40％的失偶者，利他傾向都有顯著的提升。

關於**逆境遭遇能夠提升利社會行為**，以實驗室為基礎的研究也顯現類似的結果。例如，有研究人員衡量參與者的逆境事件經驗，以及他們的同情心與同理心的程度。[17]然後，他們讓研究參與者選擇，他們可以領取參加研究的全部金錢酬勞，或是把部分酬勞捐給紅十字會。一如預期，歷經較多人生負面事件的人（因此能對需要這種援助的人產生同理心），捐款比例較高。

不過，請切記，從創傷復原需要時間。就在阿雷東多

剛得知長子喪生之後，他陷入嚴重的憂鬱，他的哀痛甚至
要尋求住院精神治療。是在度過那段時期之後，是在他對
人生損失釋懷之後，他才有在波士頓馬拉松攻擊中所展現
的那份無比的勇氣和同情心。

殺不死你的，能使你變得更強大

　　最重要的或許是，愈來愈多的研究都印證了逆境遭遇
能夠增強韌性的這個信念，也就是以一種具調適力、生產
力的方式回應負面經歷的能力。逆境事件似乎提供了練習
因應創傷的機會，因此當事人能夠發展有價值的策略，有
效因應未來的損失。

　　下列是一個簡單的例子，說明即使是經歷相對低度逆
境事件也能有所助益。有一項研究檢視紐西蘭一場10天
的航海之旅對青少年的韌性有何影響。[18]這些青少年歷經
了艱困的情況，包括吃力的勞動工作、暈船、惡劣的天
氣、擁擠的生活環境，以及林林總總的日常事務。研究人
員在航行旅途中衡量這些學生的韌性，五個月後再衡量一
次，然後與沒有參加這類旅程的大學生做韌性比較。

　　兩組學生在韌性上有持久的差異。艱困經歷加上知道
自己有能力應付這些挑戰，能塑造較高的韌性，明顯高於
沒有經歷過這種旅程的大學生。從某個方面來說，壓力經
驗似乎能讓我們對未來的壓力源「免疫」。我們從經驗知

道，我們有駕御嚴苛考驗的能耐，而這個信念可以在我們日後遭遇日常生活裡的其他壓力源時發揮極大的助益。

不過，探險旅遊的壓力顯然不能完全與我們在日常生活中面對的重大壓力源相比。但是，真實世界的壓力源，即使是悲劇，在韌性的塑造上都有類似的優勢。

有一項大規模的研究，研究人員在為期數年的時間裡，調查了將近兩千名年齡在18歲到101歲的成年人，評估他們的健康隨時間變化的狀況。[19]在研究一開始時，參與者列出他們所歷經的壓力生活事件，然後在後續研究期間也列出新的壓力事件，包括離婚、所愛的人死亡、嚴重疾病和天然災害。接著，研究人員衡量壓力生活經驗數量與整體心理健康之間的關聯。

你或許會預期，躲過重大壓力的人，生活滿意度較高。但是事實上，與遭遇多達十數項重大生活事件的人相較起來，生活相對無壓力的人，並沒有比較快樂。最快樂的人是誰？那些歷經一些、但不是太多（2至6項）壓力事件的人，快樂程度最高。

這些發現顯示，韌性不是偶然，至少對大部分的人如此。相反地，透過磨練，我們會更善於從困境裡復原。想辦法成功閃避重大壓力源的人，沒有培養這些技能的機會；因此，等到困難真的臨頭，他們反而會不知所措，難以因應。這些發現可以解釋下列這個違反直覺的發現：在

面臨重大神經疾病的人當中，比起有配偶的人，喪偶的人比較快樂。[20]總而言之，**曾經面對重大失落，能夠幫助我們培養調適策略，因應後續的人生壓力源**，例如被診斷出有生命威脅的疾病時。

這項研究提供了有說服力的證據，證明「殺不死我們的，確實會讓我們變得更強大。」一如加州大學艾爾文分校的心理學家羅珊・柯恩・西爾佛（Roxane Cohen Silver）所指出的：「負面事件會讓當事人企圖因應，當事人因此不得不去了解自己的能力、自己的支援人脈，也因此明白誰是他們真正的朋友。我們認為，這種學習對於後續負面事件的因應，極為有價值。」[21]

但是，切記，逆境的價值當然有它的極限。畢竟，相較於只歷經中等數量負面事件的人，歷經太多負面事件的人情況反而較差。14歲時在猶他州的家裡被綁架、在獲救前歷經九個月的身體與精神虐待的伊莉莎白・史馬特（Elizabeth Smart）寫道：「我現在比我原來可能的樣子更為堅強。不過，我不希望這種事情發生在任何人身上。我不認為有人需要用這種方式把自己磨練得更堅強。」[22]即使面臨了太多苦難，人類心靈仍然展現出驚人的調適能力，接下來有更多描述。

繼續前進，你能夠重拾快樂

2007年7月23日，兩個剛出獄的受刑人在康乃迪克州柴郡闖入某戶人家。他們把那家人的父親威廉·波提（William Petit）醫師綁在地下室。接下來，他們把醫師的妻子珍妮佛（Jennifer），以及這對夫妻的兩個女兒海蕾（Hayley）與米雪拉（Michaela）綁在床上，性侵三人。兩個女孩分別是11歲和17歲。接著，為了隱藏他們的犯罪證據，這兩個人放火燒了房子。波提醫師逃出了地下室，但是他的妻子和兩個女兒都因吸入濃煙而喪生。

這段經歷的駭人細節，超越我們大部分的人所能夠想像，一如波提醫師的失落，也深到超乎我們的想像。失去妻子和兩個女兒，似乎是無法承受的痛，尤其是他們在活著的最後幾個小時遭遇如此殘暴的處境。大部分的人可能都會懷疑，他要如何重拾幸福快樂？

然而，波提醫師在2012年再婚了。他遇到他的第二任妻子克莉絲汀（Christine）；當時她擔任波提家族基金會（Petit Family Foundation）的志工攝影師，而這個基金會是波提為了記念他的家人而成立的。他第一任妻子的家人參加了他們的婚禮，表示他們非常高興他能夠再次找到愛。2013年11月23日，波提夫婦喜迎他們的兒子威廉·亞瑟·波提三世（William Arthur Petit III）來到世上。

　　關於追求幸福快樂，這個悲劇故事給了我們什麼啟示？失去第一任妻子和女兒顯然從根本改造了波提醫師，而且對他往後的一生都造成深遠的影響。然而，他的經歷也鮮明地點出，即使是面對一開始看似不可能承受的境況，人類心靈所具備的調適力量。在歷經恐怖的苦難之後，我們能隨著時間過去重拾快樂。一如詩人、小說家里爾克（Rainer Maria Rilke）所寫的：「讓所有的事情發生在你身上。美好與驚恐，都照單全收。只管繼續前進。沒有任何感受是定論。」[23]

　　除了閱聽見聞的證據，科學研究也證明人類心靈對負面事件的調適力，即便是我們無法想像有可能調適的情況也一樣。針對失業者、脊椎損傷者或失明者的研究顯示，在經歷過一開始的調適期，許多人都顯現正向的健康狀況。[24] 人類一再展現，**不管當下事情看起來有多麼糟糕，我們最終都能夠重拾快樂。**

正向轉變的錦囊

　　關於逆境的價值，我最喜歡的引言來自派特・康洛依（Pat Conroy）精采絕倫的《我的輸球季》（*My Losing Season*）。這本書記錄了一季表現非常遜色的中學籃球球季，以及球隊球員從這一季所學到的課題。下列是引言：

運動書談的一向是勝利，因為贏球比輸球讀起來更讓人興高采烈，也更振奮人心。不管從任何角度來看，贏球都美好無比，但是輸球的晦澀樂音，卻能在更深、更豐富的層面引起回響。輸球是更嚴格、更堅定的老師，鐵石心腸但眼光犀利，深明人生是一種兩難，更甚於一場比賽，試煉闖關多於自由通行。收到不及格通知；銀行支票跳票；當我要告訴年幼的孩子，我要和媽媽分開；當我被絕望緊緊纏住；當自殺的夢幻開始感覺像是一首抒情歌⋯⋯在我的人生遭遇狂風暴雨時，輸球的經歷成為支持我的力量。雖然那一年贏得的比賽讓我學到一些東西，我從輸球所學到的，遠遠、遠遠多出更多。

這段引言道出我們都能從失落得到的真實益處，只要我們能夠把失落放在正向思維的框架下。**既然人生不可能不歷經任何失落，至少我們都可以試著抓住這類經驗，了解它們如何為我們的人生加分，而不只是注意它們奪走的事物。**

2004年7月，我的母親在卵巢癌確診後短短四個月辭世，享年57歲。你可以想像得到，這是怎麼樣的打擊，長達幾個月的時間，我都沉浸在喪親的哀慟裡，不知道自

己能否找到快樂。但是，隨著時間過去，經過練習，我學會體悟、感謝我在她離世之後的收穫，例如和我哥哥的關係更緊密，還有職涯目標迫切需要的轉變。

在人生苦難的黑暗之中，真的很難去尋找光明面，尤其是對我們這種天生不容易從光明面看事物的人來說。但是，對於那些可能需要幫助才能採取正向思維的人，實證研究顯示，即使是面對嚴重的悲劇和失落，還是有一些策略可以發揮助益。

聚焦於日常生活中的小確幸

如果你正在與人生的重大失落奮戰，在這種情況下真的很難找到什麼快樂。但是，如果你只著眼於日常生活中的小確幸，就能對世界改觀，度過這類沉重打擊。**不要讓苦難占據你的心思，轉移你的注意力**，留意下列這些活動：

- 到戶外走走，關注大自然之美 —— 新剪過的草皮味道、花朵的顏色、鳥鳴的聲音。
- 與好朋友聯絡 —— 寫信、打電話、見面喝杯咖啡，好好聊聊近況。
- 找方法讓自己分心 —— 讀小說、看電視或電影，或是整理衣櫃。
- 運動（以任何你喜歡的方式）—— 上瑜伽課、慢

跑、做幾個深呼吸，伸展你的肌肉。

無論你的境況如何，試著每天都找出幾個美好時刻。桑德伯格說：「我人生最大的諷刺是，失去丈夫幫助我加深感恩之心——為朋友的善心、家人的愛、子女的笑聲而感恩。」[25]這種心態的轉變能夠提升快樂感。

建立關係

在面臨重大失落之後，重拾快樂的挑戰之一是：人在悲傷裡會覺得自己孤立又孤單。在失落剛發生時，社會支持可能很豐沛，但是這些會在幾天或幾週後消失，遠比傷痛消失的速度還快。即使有人支持，對方對於你的失落，可能缺乏真正同理的能力。

和他人建立關係的人，尤其是與那些理解失落的本質的人建立關係時，會覺得比較容易面對失落，並且重拾快樂。正式或非正式的傷痛支持團體，都能為歷經失去所愛者的人提供寶貴的扶持。過來人可以分享他們的經歷，提供因應的指引，並且討論一些重要問題（例如，為什麼會發生這種事？公平嗎？世界上有神嗎？）很多人認為，參加支持團體，和理解自身經歷的人為伍，可以讓自己感覺不再那麼孤單。此外，有些證據顯示，失親者採取以團體為基礎的介入措施，相較於個別治療，減緩傷痛程度的效

果更好。[26]

2007年，維吉尼亞理工學院發生大規模槍殺事件，造成33人死亡，有一項研究評估事件倖存者的反應。[27]雖然有些學生如預期般，在接下來幾年出現較嚴重的憂鬱和焦慮，有些學生在整體情緒狀態上卻出現巨大變化，變好和變壞都有。最引人注目的發現是，在歷經這場悲劇後的那一年，有些學生其實感受變得更好。事實上，尋求與其他學生建立較深厚的關係，並且從中得到支持力量的學生，焦慮和抑鬱情況都呈現下降。因此，即使是極具摧毀力的事件，與其他人建立關係的人，都能夠真正從中受益。

不管怎樣，都要行善

即使是面對慘痛的悲劇，在許多情況下，我們還是可以善待別人，即使不是為我們自己。遭遇沉重苦難的人不但倖存下來，甚至從他們的失落找到行善、蓬勃發展的力量——生活中到處都有這樣啟發人心的故事。下列是三個有力的例子：

- 艾美·安德森（Amy Anderson）的兒子布萊森（Bryson）在20週時胎死腹中，她為此深受打擊。但是當她的醫生建議她退奶時，她卻選擇擠奶，捐助早產兒。（母奶有助於早產兒大幅減少嚴重健康

問題的風險。）艾美擠奶的時間長達八個月，總共捐出了將近350公升的母奶。她在她的選擇裡找到重要意義，她說：「這是布萊森生命的目的，我要接受。」[28]

- 2012年10月25日，瑪莉娜（Marina）與凱文・克里姆（Kevin Krim）面臨一個言語難以形容的夢魘：他們的保姆刺死他們6歲的女兒露露（Lulu）和快2歲的兒子里歐（Leo）。事件發生後的那個月，克里姆夫婦設置露露與里歐紀念基金，為弱勢兒童提供藝術與科學課程。一如凱文在他們的第一次募款會（售罄）時所說的：「我們的動力，來自他們的生命給我們的靈感。」[29]

- 你或許知道1999年4月可怕的科倫拜校園槍殺事件──兩名學生在開槍殺死13人後自殺。2016年2月，槍手之一的母親蘇・克萊伯德（Sue Klebold）出了《我的孩子是兇手：一個母親的自白》（*A Mother's Reckoning: Living in the Aftermath of Tragedy*）一書，講述她的家庭故事。她寫出這段非常私人的經歷，目的是幫助其他家庭辨識她在自己兒子身上忽略的訊號，希望人們得知這些線索，有助於防範未來的悲劇發生。她從這本書得到的所有收益，都用於資助以精神疾病和自殺防治為工作重點的慈善機構。

　　這些真實世界的案例證明，正向思維可以成為尋找生命意義、面對嚴峻處境的助力。如果你正在龐大的失落後苦苦掙扎，你可以想辦法藉由這項經歷行善，或許是致力於建立對疾病的知覺，或是成立獎學金或獎項以記念所愛的人，或是找一個幫助有同樣失落經歷的人的組織，加入成為志工。**透過採取正向思維，專注於行善，你也可以面對無法想像的失落，隨著時間過去，你會找到滿足、快樂和寧靜。**

第 3 部

改變心智模式

第 8 章

行為改變，
思想也會跟著改變

1989年7月19日，美國聯合航空232班機從科羅拉多丹佛市起飛後大約一個小時，因為引擎故障而失去全部的飛行控制功能。大約經過30分鐘，機長沒能成功恢復飛機部分動力，於是卸油、航向愛荷華蘇城（Sioux City）的跑道。乘客警覺到發生緊急狀況，得知要有硬著陸的準備。在這場墜機事件裡，機上296名乘客有111名喪生、185名生還。

乘客準備面對墜機著陸時，如何面對恐懼？與生還者的訪談顯示，有許多人依靠宗教信仰。[1] 下列是他們說的一些話：

• 「我閉上雙眼想著：『親愛的上帝，我祈求祢引導

機長的手。」我也想到，要是上帝要收回我的生命，我可以接受。我充滿平靜。我坐在永恆的邊緣。我面對的，並不是生命的盡頭。」

- 「我在做死亡需要的準備工作。我當時想到的是，我想要重新投胎到一個我可以聽講佛道的家庭。我在生活裡經常打禪，因而磨練了覺知集中的功夫。我完全專注於撞擊防護姿勢。」

擁有宗教和精神信仰，能夠提升幸福感和身體健康，至少有部分是因為信仰能夠幫助我們面對輕微的日常生活壓力源，以及重大的創傷事件。

在本章，我會描述諸如足夠的睡眠、閱讀小說、練習靜坐冥想等行為的簡單調整，如何改變你對你自己和世界的思考。最重要的是，實行這些可以提升快樂、改善身體健康，延年益壽。

睡個好覺

提升快樂感最簡單的方法，或許就是足夠的睡眠。蓋洛普在2015年有項涵蓋超過七千名美國人的調查發現，表示自己睡眠充足的人，整體的幸福感程度高於睡眠較少的人。[2]例如，夜晚睡眠達8小時的人，幸福感為65.7分（滿分100）；相較之下，7小時睡眠的人為64.2分，而6

小時睡眠的人則是59.4分。這項調查證實了多項科學研究顯示的結果：充足睡眠有助於提升心理健康，包括減少焦慮、憂鬱和寂寞感的發生機率。[3]

為什麼適當的睡眠如此重要？原因之一是有充分休息的人，較能夠因應日常生活的壓力源。[4]睡眠被剝奪的人，脾氣比較暴躁，思考和記憶力更容易出錯。或許，你可以回想自己曾經在一夜睡得太少之後，對家人、朋友或同事感受到的不耐煩？

睡眠不足的人會陷入負面思考，失去著眼於正向事物的能力。[5]事實上，沒有足夠的睡眠，人會鑽牛角尖，一再反芻負面思想，包括過分擔憂未來、回想過去的事件、出現闖入型意念（intrusive thought）等。一如第5章所述，這種思維模式會增加憂鬱和焦慮的風險。

睡眠剝奪有害身體健康。睡眠品質不良，會讓免疫系統衰退，增加罹患各種疾病的風險，包括癌症、中風、心臟病和糖尿病。[6]優質睡眠甚至能促進術後恢復。

為了檢視睡眠剝奪如何影響人體對疾病的抵抗力，有項研究召募了健康的自願參與者。[7]他們測量這些人的整體健康習慣，例如飲酒和抽菸，還有他們前一週的睡眠模式。然後，在得到允許之後，研究人員用鼻滴方式將感冒病毒注入參與者的身體。接下來，研究人員在後續一週追蹤觀察這些人，看誰會感冒。

他們的發現提供了有力的證據，證明充足的睡眠，是保持健康的必要條件。每晚平均睡眠時間低於6小時的人，相較於每晚睡超過7小時的人，感冒的比例超過四倍。

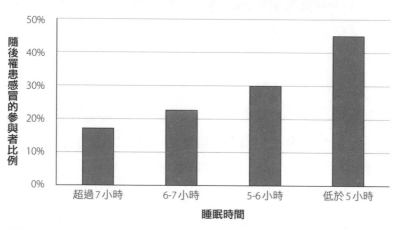

圖表8.1 每晚睡眠時間超過7小時的人，罹患感冒的機會大幅低於每晚睡眠時間低於5小時的人

Prather, A. A., Janicki-Deverts, D., Hall, M. H., and Cohen, S. "Behaviorally Assessed Sleep and Susceptibility to the Common Cold." *SLEEP* 2015; 38 (9): 1353–1359.

「要預測受測者染患感冒的可能性，睡眠不足比任何因素都更重要，」加州大學舊金山分校精神病學教授艾力克‧普拉瑟（Aric Prather）如此說道。「年紀、壓力程度、種族、教育或所得水準，都無關緊要。是不是吸菸者，也無關緊要。即使把這些因素都納入考量，睡眠因素在統計上仍然勝出。」[8]

我希望你現在已經理解一夜好眠的重要，這是你可以

更快樂、更健康最簡單的捷徑之一。因此，把早睡當成目標，讓自己能有一整夜的睡眠，並且避免深夜進食或喝飲料，尤其是咖啡因飲品。此外，在入睡前絕對不要使用電子產品，例如電腦、iPad 或電子閱讀器；這些裝置所發出的藍光，其實會讓你更難入眠。

讀本好書

還有一個可以讓你在日常生活裡增加快樂感的小改變，那就是讀一本你喜歡的書！許多人都還記得，自己在童年時全神貫注閱讀自己喜歡的讀物的那種體驗，例如《哈利波特》系列。我還記得我晚上要把我家老大房間裡的燈泡拆下來，因為他真的讀到停不下來。

然而，長大成人後的我們，卻經常認為我們「沒有時間閱讀」。（有意思的是，我們卻找得到時間看電視、上網、更新臉書動態消息。）說來可惜，這表示我們錯失了部分閱讀特有的眾多利益。

科學研究顯示，**閱讀能夠幫助我們與他人連結，即使是與書中人物感覺契合，都能夠產生一種歸屬感，而這是快樂的重要條件。**[9] 閱讀能夠增加正向感受，尤其是如果那本書能夠啟發你，用新的角度看自己的人生，或是鼓勵你採取行動，為達成你自己的目標而努力。

閱讀，尤其是閱讀小說，也能提升我們對他人的同理

能力，進而改善我們的社交技巧。當我們沉浸在小說裡，我們透過小說人物的眼睛想像世界，這會讓我們在現實世界裡更能站在別人的立場看事情。[10]這項技巧反過來能夠增加我們同理別人、化解衝突的能力。例如，讀過《哈利波特》系列故事的五年級孩子，由於這一系列故事檢視了巫師與非巫師之間的偏見，因此他們對於被污名化的群體，會更具同理心，偏見也較少。[11]一如多倫多大學心理學家凱思·奧特利（Keith Oatley）提到的：「小說可以成為心靈的飛行模擬器。」[12]

此外，最近有些證據顯示，**閱讀能夠延展我們的生命**。有一項研究針對三組人（全都是50歲以上）進行比較：一是不閱讀書籍的人；二是一週閱讀書籍3.5個小時以下的人；三是一週閱讀書籍超過3.5個小時的人。[13]相較於完全不閱讀書籍的人，讀書時間為3.5小時以下的人，在後續的20年追蹤期間，死亡的比例低17%；閱讀超過3.5個小時的人，在這段期間死亡比例低23%。事實上，讀書者的平均壽命比完全不讀書的人幾乎長2年。這些驚人發現背後的原因是什麼？規律閱讀書籍的人（是書籍，不是報章雜誌），認知能力程度較高，包括記憶力、批判思考和專注度。這些能力可能回過頭來變成生存優勢。

因此，提升快樂的簡單方法之一就是：挑一本你個人

覺得有興趣的書（而不是你「應該」閱讀的書），把它當成一件重要的事，每天拿起來讀 —— 在睡前幾分鐘，或是午餐休息時間，或是每天搭公眾交通工具的通勤時間。它甚至可以延長你的生命！

好好散個步

我們都已經知道，運動對我們的身體有益。運動幫助我們維持健康的體重、強化肌肉和骨骼，並且能夠降低心跳速率和血壓。最重要的是，運動能夠減輕壓力對人體造成的負面生理影響，這就是為什麼規律運動的人比較少生病。[14]

但是，**運動不只有益於生理健康，也有助於提升思考和記憶能力，甚至能夠減少失智症風險。**[15]即使是相當少量的運動，例如一週散步幾次，都能改變大腦功能，以期發揮更好的認知能力。

運動對心智敏銳度的好處，也表現在顯現失智症早期徵兆的人身上。有一項研究以被診斷出輕微認知障礙的年長者為研究對象，研究人員把他們隨機分為兩組。[16]一組人一週散步三次，每次一小時；另一組人每週參加營養與健康教學講座。在研究開始之前，這些參與者都沒有從事規律運動的習慣。六個月後，散步組的參與者血壓較低，而且令人好奇的是，認知測試的分數變得較好。

規律從事體能活動也有益精神健康。[17]你曾有在心情不好時去運動，運動完心情變好的經驗嗎？運動能讓我們的心情變好，部分是因為我們在運動時，會把我們面臨的任何難題都先拋諸腦後。它讓我們因應生活的壓力事件，卻不會變得暴躁或不安。[18]

運動也能帶來人體的生理變化，讓我們感覺更好。我們從事體能活動時，大腦會分泌內啡肽這種能夠減輕痛感的化學物質，因此讓我們的感覺變好。

運動甚至有助於治療憂鬱症，至少某些例子顯示，效果和心理治療或抗憂鬱藥物一樣好。[19]在一項研究裡，研究人員想檢驗運動能否幫助憂鬱者感覺較好。[20]為了測試這項假設，他們找了156個重度憂鬱症成人患者（憂鬱程度已經會干擾日常生活），把他們分成三組：

- 第一組從事有氧運動（每週三堂課，每堂課45分鐘，共四個月）。他們沒有服用任何抗憂鬱症藥物。
- 第二組服用憂鬱症的緩解藥物（也長達四個月），但是不從事任何有氧運動。
- 第三組從事有氧運動，也接受藥物治療（一樣為期四個月）。

研究人員在這段期間檢查三組人員的憂鬱症程度是否

有變化。他們發現，從事有氧運動的人，即使沒有憂鬱症緩解藥物的輔助，在長達四個月的期間，心情也有改善。事實上，三組人員顯現相同的改善速度。這項研究提供了重要的證據，顯示中度費力的運動，在治療憂鬱症上，可能和藥物一樣有效。

雖然運動的好處顯而易見，要挪出時間運動，卻可能是一件難事。不過，**改變你對運動的思維，可以幫助你開始規律運動，並且持之以恆**。具體來說，不要著眼於運動改善心血管能力、維持健康體重、預防憂鬱等的長期益處；相反地，把焦點放在短期而立即的運動樂趣上。或許把上瑜伽課當成你在忙碌一天之後清空大腦、放鬆一下的時段。或許把和朋友一起散個步，當成聊聊彼此近況的好機會。在運動之後，或許你會睡得更好，第二天更覺得神清氣爽。以這種立即滿足為關注的焦點，運動更容易保持動力，因為你不必等那麼久才得到回報。

此外，不要為了在一天裡多擠出幾個小時、甚或多幾分鐘給運動課程而倍感壓力。從在行為上做點小變化開始，例如不搭電梯、改走樓梯，把車停在離商店門口遠一點的地方。最近甚至有項研究發現，光是每30分鐘左右起身動一動，不要長時間坐著，都能降低早死的風險。[21] 總之，講到運動，幾乎任何事都算數，只要開始動就對了。

性愛

那麼，現在我們來談另一種運動……性愛。性愛會讓人快樂嗎？這個問題的答案，可能是本書最不令人感到意外的 —— 沒錯，會！

為了檢驗性愛頻率與快樂之間的關係有多強，研究人員檢視了1萬6千人自報的性愛頻繁度與快樂感的資料。[22]他們的發現顯示，**性愛是快樂感有力而正向的一項指標。**在控制許多其他因素之後，包括所得、教育、婚姻狀態、健康、年齡、種族和其他特質，自稱一個月至少有兩、三次性愛的調查回覆者，相較於自稱過去12個月都沒有性愛的人，快樂度高出33％。事實上，即使一個月只有一次性愛，所增加的快樂感，相當於年所得增加5萬美元！

那麼，性愛的頻率應該如何，才能最快樂？科羅拉多大學社會學教授提姆·瓦茲沃思（Tim Wadsworth）檢視了自超過1萬5千名美國人蒐集的全國調查資料，資料同時涵蓋了快樂程度和性愛頻率。**快樂效應似乎隨著頻率增加而上升**，相較於過去一年沒有性愛的人，自稱一週一次性愛的人，有44％的快樂程度較高；自稱一週兩到三次的人，55％的快樂程度較高。

有意思的是，**人們對於性愛頻率的滿意度，取決於他們對於朋友的性愛頻率的想法。**雖然整體而言，性愛頻率

較高的人，快樂度也較高，但即使自身性愛頻率不變的情況下，認為自己的性愛頻率低於同儕的人，快樂度低於那些認為自己的性愛頻率遠高於同儕的人。根據這項發現，如果群體裡某個成員的性愛頻率是一個月兩、三次，但是相信群體同儕是一週一次，他們自評的快樂度較高的機率，大約會下跌14%。（這項發現進一步證明，比較是一種有害的心態，一如第6章所述。）

我要特別指出，前述效應並不表示增加性愛是找到更多快樂的好方法。事實上，這項奇特的研究有一個項目是要求參與者夫妻在為期三個月的時間裡，增加性愛頻率為原來的兩倍，結果發現他們並沒有比較快樂。[23] 相反地，他們覺得倦乏，當然也就比較不快樂；他們也表示性愛變得比較沒那麼享受。

這項研究的目的何在？性愛頻率本身可能不是讓我們快樂的關鍵。這項研究儘管顯示性愛頻率與快樂之間的關聯，但是並未指出兩者之間的因果關係：究竟是因為快樂的人性愛較頻繁？還是因為性愛較頻繁讓人變得更快樂？或是有其他因素同時是快樂和性愛頻率的預測指標（例如沒有幼兒）？相反地，**性愛是顯示一個人與伴侶或情人的關係緊密的良好指標，而擁有這種親密關係，顯然是快樂的泉源。**我會在第12章詳談人際關係創造快樂的力量。

探索宗教或精神信仰

無論具體的信念是什麼，擁有宗教或精神信仰的人，快樂程度與生活滿意度都較高。[24]針對美國人的全國調查發現，不只一週一次參加宗教儀式的人，有47％自稱「非常快樂」；相較之下，從不參加宗教儀式的人，自稱「非常快樂」的比例只有26％。參加宗教儀式的人，憂鬱程度和自殺率也較低。

此外，有宗教信仰的人，健康狀態較好，包括癌症、心臟疾病和中風的比例較低。[25]宗教信仰強烈的人，在接受心臟手術後，併發症較少，住院期也較短。[26]

事實上，**信仰能夠幫助人們更長壽**。在一項研究裡，研究人員檢視超過7萬4千名女性每四年做一次的問卷資料，內容是關於他們的飲食、生活方式和健康。[27]相較於不曾參加宗教儀式的人，每週超過一次的人，在為期16年的研究期間，死亡風險低33％，平均壽命多5個月，即使研究人員將各種因素納入考量，例如飲食、體能活動、飲酒、吸菸狀況、身體質量指數、社會整合、憂鬱、種族和民族等，宗教儀式的效應仍然成立。

參加宗教儀式一週一次的人，死亡風險低26％，一週不到一次的人，風險低13％，而這項行為同時降低了心血管致死率（27％）和癌症致死率（21％）。所謂的死

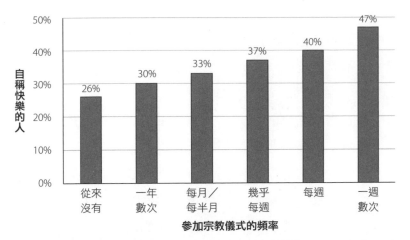

圖表8.2 經常參加宗教儀式的人,自稱感到快樂的人的比例,高於很少或從不參加宗教儀式的人。

Myers, D. G., & Diener, E. (2018). The scientific pursuit of happiness. *Perspectives on Psychological Science, 13*(2), 218–225. Copyright © 2018 by SAGE Publications. Reprinted by Permission of SAGE Publications, Inc.

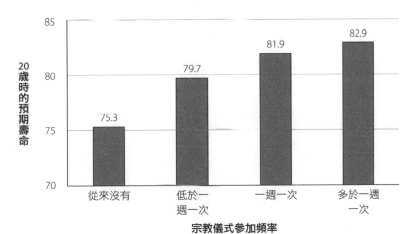

圖表8.3 參加宗教儀式次數較為頻繁的人,壽命比從不參加的人長。

Myers, D. G., & Diener, E. (2018). The scientific pursuit of happiness. *Perspectives on Psychological Science, 13*(2), 218–225. Copyright © 2018 by SAGE Publications. Reprinted by Permission of SAGE Publications, Inc.

亡率較低，具體而言，參加宗教儀式的頻率超過一週一次的人，壽命大約為83歲；相較之下，從來不參加宗教儀式的人，平均壽命大約是75歲。

擁有宗教或精神信仰，如何產生這種有益的成效？一個可能是，許多宗教社群都提供實質的社會支持力量。有宗教信仰的人可能屬於某個教會、寺廟或研經小組，這些組織構成一種支援網絡，提供寶貴的社會支持力量。舉例來說，有宗教信仰的人，在心臟手術的恢復期，不但更滿懷希望，也相信他們有更多的社會支持。[28]這些信念反過來會降低焦慮和憂鬱的程度。

另一個解釋是，宗教信仰之所以能讓人感覺良好，正是因為這些信仰有助於我們採取正向思維，面對重大生活壓力源，這反過來能夠減少壓力對人體有害的生理影響。有意義感、心中寧靜的癌症患者歷經幹細胞移植時，出現的身體症狀較少，例如噁心，而且在移植後的一年內，憂鬱、焦慮、疲倦的程度也較輕微。[29]精神信仰強烈的鬱血性心衰竭病患，相較於沒有這類信仰的人，在發病後五年內的死亡率低20％。[30]即使研究人員把其他預測壽命的變項納入考慮，例如年齡、性別和健康行為，心靈與死亡之間的關聯仍然成立。即使面臨有生命威脅的嚴重疾病，宗教和精神信仰也有助於減緩壓力，因而改善健康。

最後，宗教信仰也能用於解釋創傷事件，即使是看似

莫明所以的悲劇，也都能賦予意義感。看到負面經歷的益
處，不但能讓我們有機會面對、處理對創傷的想法和感
受，也能著眼於它的正向層面，進而提升心理和生理健
康。例如，相信神不會給你超過你所能夠承受的苦難，或
是相信所愛的人離世後到了一個更美好的地方，或是相信
壞事發生有其原因，這些都能讓人比較不焦慮、不憂鬱。
一如本章一開始所描述的，許多面臨飛機失事創傷、立即
死亡潛在威脅的人，都仰賴宗教信仰處理他們的焦慮。

關於宗教觀點與尋找意義之間關聯的這些發現，有助
於解釋為什麼貧窮國家的居民，意義感高於富國的居民。[31]
雖然我們可能會預測，生活在高度貧窮境況裡的人，較難
找到意義感，但是研究一致發現，貧窮國家居民擁有較強
的意義感；這個關係至少有部分是因為他們有較強烈的宗
教信仰。因此，在幫助身處嚴苛險峻環境裡的人找到意
義，宗教可能扮演了特別重要的角色。

**要活得更快樂（更健康）的一項策略就是，參加任何
符合個人偏好的宗教或心靈活動**。對某些人來說，這可能
是每週參加宗教儀式。對另一些人來說，這可能是每天挪
出一些時間禱告，或是參加研經小組。因此，如果你相信
擁有宗教和精神信仰，能夠幫助你面對日常生活大大小小
的壓力源，請想辦法把它與你的日常例行事務整合（究竟
要怎麼做，本章最後一部分會談到更多。）

練習冥想

我在全書不斷提到，我們的思想對於身心健康有重大影響。在許多情況下，我們對於事件的感受和回應，心智模式扮演了重要角色。

掌控思想和專注力、完全聚焦於當下的一個方法是練習靜坐冥想。靜坐冥想就是把全部的注意力都貫注於單一感覺，例如呼吸吐納、想法或背誦經文。冥想修練者高度專注於一刻，不讓心思隨著各種思緒和憂慮而漂移。

冥想對於心理健康具有強大的效果。[32]例如，參加善念冥想團體六週的人，對正向情緒、社會連結和人生目的都更有感知。他們也會體驗到生活滿意度增加，憂鬱感減少。[33]冥想的益處廣為人知，連塔吉特（Target）百貨、Google、通用磨坊（General Mills）等大企業和學校董事會都鼓勵冥想的修練。像是歌蒂·韓（Goldie Hawn）、霍華·史登（Howard Stern）、李察·吉爾（Richard Gere）等名人，也宣揚它的好處。

冥想也能改善身體健康。練習冥想的人，疾病症狀較少，疼痛程度也較低。[34]甚至在面臨嚴重、具生命威脅的疾病時，這些益處也能在這些人身上顯現。例如，接受冥想訓練的癌症患者，不只對於復發的恐懼感較低，也較不疲倦，身體功能改善，免疫系統反應也較佳。[35]

　　冥想究竟是如何產生如此強而有力的效果？一個解釋是冥想有助於管理壓力，因此能將生理壓力反應對人體的損耗及傷害降到最低。一如你從第2章所得知的，管理壓力對於提升我們的感受有長遠的效果，而且對於身心都是如此。血壓高的青少年接受訓練，一天進行兩次冥想（每次只需要15分鐘）後，相較於只參加如何壓低血壓和心血管疾病風險教育講習的人，出現心血管疾病的機率較低。[36]接受冥想訓練的心臟病患者，閉塞性動脈硬化症的程度甚至出現減緩。[37]

　　冥想也有助於中斷會摧毀我們的破壞式心智模式。全神貫注於當下此地此刻，有助於人們打破造成憂鬱的負面思維循環，一如第5章所描述的。即使冥想者的思緒偶爾飄離當下，思緒也比較不會飄到不愉快的主題上打轉。[38]這項在冥想裡保持專注於當下的策略，即使預期壓力事件即將到來，例如等待考試成績揭曉，也能讓人更加妥善因應。[39]

　　冥想能夠帶來大腦的改變，有助身心健康。麻省總醫院（Massachusetts General Hospital）的研究人員曾經檢視16個人在參加八週正念冥想課程前後的大腦掃描圖。[40]他們發現，大腦中與同情和自我知覺連結的部位會成長，然而與壓力相關的大腦區塊會縮小。練習冥想的人，大腦裡與年齡相關的變化較少，顯示冥想可能有助於減緩隨年齡自然發生的發展。[41]

冥想甚至有助於逆轉老化。[42]一項突出的研究發現，練習冥想能夠改善出現失智症早期症狀的年長者的認知能力。UCLA的研究人員檢視了一項訓練計畫減緩認知問題、情緒問題的效能，這項計畫結合了瑜伽和冥想，試行者是55歲以上、出現認知障礙早期徵兆的人，例如東西放錯位置、忘記約會，忘記長相等。[43]有這類認知障礙的人，罹患阿茲海默症和其他類型失智症的機率是平常人的兩倍多。

經過三個月瑜伽和冥想練習的人（其中包括每週一小時瑜伽課，以及每天在家裡做20分鐘冥想），記憶力變佳，焦慮和憂鬱的程度降低。事實上，這種訓練甚至比傳統的記憶力訓練還有效，例如填字謎、學習電腦程式等（這些方法常用於出現認知障礙徵兆的病患。）這些發現顯示，冥想訓練不只能夠改善記憶力，也能在面對殘酷診斷時賦予管理情緒反應的能力。

如果你在尋找相對容易而低廉的方法，以減輕你的壓力、改善你的感覺，你可以開始練習冥想。書裡、網路上，甚至手機應用程式裡，都可以找得到如何練習冥想的相關資訊。**對於快樂、老化和健康，冥想只要相當少的時間，就能夠產生實質、重大的益處。**就像哈佛醫學院心理學教授莎拉・拉扎爾（Sara Lazar）所說的：「正念就像運動，它其實就是一種心智運動。一如運動有益健康，能夠

幫助我們更妥善處理壓力、延年益壽，冥想也能傳遞部分同樣的這些益處。」[44]

正向轉變的錦囊

　　一路下來，本章描述了經實證研究證實有助於我們感覺良好、延年益壽的各種行為。你可以開始思考哪些能打動你，並且尋找方法開始培養一些新行為，做為日常例行事務的一部分（接下來會討論更多實行的方法。）

　　但是，請切記，任何長期的行為改變，如果有支持力量，都會比較容易實踐。因此，想辦法尋找有助於支持這項轉變的朋友（兩、三個，更多也可以。）想要增加閱讀？在你的社群和朋友間成立一個讀書會。想要增加運動？找一個Fitbit之類的裝置，測量你的走路步數，與伴侶或同事設定每週競賽。

　　下列是一些你可以用來培養新行為，而且讓新行為隨著時間扎根的策略。

善用語言的力量，改說「我不要」

　　要養成新習慣，真的是一件難事，尤其是這表示要改掉壞習慣時。但是，調整解讀新行為的框架，就能發揮極深遠的助益，幫助我們改變。[45]

　　對新行為抱持新思維，就能幫助我們養成新習慣，下

列是一個例子。假設你在一家時髦餐廳吃晚餐，用餐接近尾聲時，服務生問你是否想要嚐嚐他們知名的巧克力蛋糕，做為餐後甜點？此時，如果你想要養成的新行為是減重，也就是不要吃那塊巧克力蛋糕。你要如何回應他的詢問？有些人可能會說：「不了，謝謝。我不能吃巧克力蛋糕。」當然，在定義上來說，這個方法確實沒有錯；你想要減重，你當然就不能吃巧克力蛋糕。但是，這種框架把不吃甜點變成一種加諸於你，但其實有違你個人意願的限制；它暗示的是你不准吃蛋糕。下列是另一種你可以採用的說法：「不了，謝謝。我不要吃巧克力蛋糕。」這種框架和前述說法幾乎沒有什麼不同，只差一個字，但是話語背後的意義卻大不相同。這句話表示你做了一個選擇 —— 你決定要減重，因此你選擇不要吃那塊蛋糕 —— 這是一種賦權，也是一種自我肯定。

換句話說，**你用來思考、談論行為的語言，足以左右你的長期改變能否成功。**言語的分量，重如千斤。研究人員用一項實驗簡單說明「我不能」與「我不要」之間的差異：他們給參與研究者一個健康飲食的目標，指定他們在遇到誘人食物時，採用兩種語彙裡的一個。接下來，等到參與者要離開時，研究人員要參與者從兩種點心裡選一種（點心棒或燕麥棒），做為參加研究的報酬。

哪一組參與者選擇較健康的那種？在「我不要」那組，

有64％選擇燕麥棒；相較之下，「我不能」組只有39％。

這些例子在在顯示，**語言具有力量，能夠影響我們對某個行為的觀感，進而成為我們長期維持新行為的助力。**

訂定計畫

不管是每天從事某種體能活動，或是學習冥想，或是晚上放下電話、拿起書本，改變行為最難的部分，就是啟動新的例行事項。因此，**請找出你想要做到的改變，然後設定具體的計畫，並且規劃自己在下週要如何落實新行為**。這種短期規劃法能幫助你啟動新的例行工作，隨著時間過去，它就會變成你生活規律的一部分。

請務必深思熟慮，這項習慣的改變如何融入你的日常作息。新行為能輕易融入日常生活時，最容易持久。假設你想要開始每天練習冥想，或是每天走路二十或三十分鐘，請思考你一整天的作息，務實地說，你可以在什麼時候安插這段時間：是早上的第一件事？還是午餐？是晚餐後的傍晚嗎？有些時候，短時段可能比長時段務實。比方說，從事數次短時間間歇運動的人（例如爬樓梯或是在戶外快走10分鐘，做四回合），比較容易成功養成運動習慣，勝過那些想要一次一段長時間運動的人（例如參加長達一小時的運動課程）。

最後，寫下你的計畫。記錄計畫（寫下計畫事項，以

及實行時間）有助於建立更多具體的意念，增加你真正貫徹落實計畫的機率。**一旦你做好計畫，請把它貼在可以提醒你這些新志願的地方。**

設定科技暫停時間

科技理應要讓我們的生活更輕鬆，但事實是科技產生了相當多的壓力。一如第6章所述，科技讓我們更容易從事具殺傷力的社會比較，也剝奪了我們的時間，減少從事其他能夠帶給我們快樂的事務，例如閱讀、與朋友相處、得到充足的睡眠等。

最重要的或許是，科技本身就創造出一種預期，彷彿我們要讓朋友、同事和家人隨時找得到我們。這表示，我們永遠不會有暫停時刻，能夠真正從日常生活裡持續不斷的要求裡抽身，而這會造成相當大的壓力。

在一項研究裡，研究人員進行取樣，找了一群成人參與一項使用科技的研究。[46]這些參與者包括大學生和研究生，還有社群成員，平均年齡為30歲。他們把所有參與者隨機分成兩組，要其中一組人隨心所欲地經常查看電子郵件，保持電子郵件信箱在開啟狀態，這樣有新郵件進來時，他們就可以看到，並且開啟新郵件通知。至於另一組人，研究人員要求他們一天只查看電子郵件三次，查看完就關閉信箱，並且把所有郵件通知設定為關閉狀態。

　　每一天結束之時，兩組參與者都要完成一項評量，評估他們的感受，尤其是壓力程度。

　　研究人員發現，應要求減少查看電子郵件頻率的人，壓力較低。事實上，減少查看電子郵件次數的益處之大，可與學習其他放鬆技巧的獲益相比！

　　下列這個簡單的方法，就可以讓你變得更快樂：關掉你的手機。你要針對科技的使用設定清楚而具體的規則，例如晚上9點後、用餐時，或週末大部分時段不用手機，這些是你應該把時間花在與人互動、放鬆的時刻，而不是查看email和簡訊。**限制科技裝置使用時間，能夠減少你的壓力，提升你的人際關係品質，**一如你將在第12章學到的。

第9章

大自然有益身心

位於西雅圖市區的亞馬遜總部，有超過4萬名員工在工作。但即使是在這個市區環境，員工還是可以漫步在林間，觀賞室內溪澗造景的水流，在滿牆藤蔓的房間裡開會。這棟建築容納了四百種不同的植物，從像苔類、蕨類等小型植物，到高達五十英尺的樹，包羅萬象。

亞馬遜是刻意把大自然迎進工作場所的眾多企業之一。Airbnb 在舊金山的總部，有一整面牆的植物；蘋果的加州庫柏堤諾園區，標榜擁有一座超過八千棵樹的森林；Google 在加州山景市的新總部，規劃了樹木、廣闊的地景和單車道。

企業為什麼要投資如此多的經費創造這樣的環境？這些選擇的根據，顯然是因為有相當多的科學研究指出，大

自然能夠激發創意、減少壓力，以及 —— 沒錯，提升生產力。

大自然讓你有何感受？

回想某個你在沙灘上散步、在開花的花園裡漫步、聽到鳥鳴，或者只是望著窗外的草地和植物的時候。你的感受如何？對許多人來說，看到、聽到，或甚至想到大自然，就能感覺更有活力、更平靜、更有生命力。這就是為什麼我們為旅館的海景房或有美麗庭院的住家多付錢的原因。

為了量化大自然的益處，有一項研究的研究人員，請參與者想像自己身處於不同的情況下會有何感受？[1]下列是兩種情況：

- 「你和朋友一起沿著一棟現代建築的長廊快走。」
- 「你和朋友一起在一座當地公園的草地上運動。」

這些情況都非常類似：它們都涉及花時間與朋友共處，以及從事一項體能活動。然而，參與者的感受因他們所想像情況的不同而異。具體來說，想像與朋友在戶外活動的人，活力感受較強，包括覺得更有動力、警覺力和生命力。

在第二項研究裡，研究人員請參與者觀看自然或非自然景觀的照片。比方說，照片所描繪的自然景觀包括峭壁圍繞的沙漠、夜晚的湖景。非自然景觀照片則是兩側高樓林立的城市街景、夜晚的街道。還是一樣，觀看自然景觀的人，活力較佳，優於觀看非自然景觀的人。

當人真正投身戶外，而不是想像身處戶外或看照片時，大自然對健康感受的益處更為強烈。光是在河岸樹木成排的步道散步15分鐘，就能夠提振能量和警覺度，勝於在沒有戶外景觀的室內空間走路。

與大自然比鄰而居的益處

大自然如何激發在真實世界的快樂感？在一項研究裡，研究人員檢視了一個規模非常龐大的樣本（超過一萬名英國居民）。[2]樣本裡的所有人都提供對自己整體心情和生活滿意度的評等。這項資料也包括當事人的居住地區，因此可以做為他們日常接觸的大自然「量」（包括花園、公園和水）的衡量指標。但是，或許最重要的是，這項資料為年度資料，蒐集期間長達18年，因此研究人員可以看到，搬到新地點（那裡的綠地量可能不同）與心情和生活滿意度的關聯。

這些發現顯現居住在鄰近大自然的環境裡的實質益處。具體來說，**居地鄰近大自然的人，焦慮和憂鬱的比率**

明顯較低，整體生活滿意度明顯較高。這些並不是細微或潛移默化的效應。事實上，和大自然當鄰居對精神的效益，相當於結婚所產生效果的33％。

關於大自然的有益影響，一項在威斯康辛州各地進行的研究也發現類似的結論。[3]在各個所得水準，居住地的林樹覆蓋率低於10％的人，憂鬱和焦慮的比率遠高出許多。換句話說，住在森林地區的窮人，可能比住在光鮮亮麗但沒有樹木的社區的富人還快樂。

好消息不止於此。**即使你不住在鄰近大自然的地方，只是短暫接觸大自然，也能帶來片刻快樂。**光是走過城市裡叢叢綠意植栽，人都會突然變得更快樂，這顯示即使是城市環境裡的花床、樹和小塊綠帶，都能為我們平添愉悅。類似地，走在公園裡或住在公園旁的紐約市居民感覺比較快樂，至少從推特發文的正向性來評估時如此（以文字或表情符號評量）。[4]

相較之下，你能猜得到，最不快樂的推特訊息出現在哪裡嗎？接近運輸樞紐的地點，例如賓州車站、港口事務管理局和皇后區中城隧道入口處，這想必反映的是通勤和旅遊行程延遲的沮喪。

好吧！前述各項發現，或許沒有哪一項特別令人感到意外。一如研究人員自己說的：「身處於公園的綠意裡，有誰會不快樂？陷入車陣或等待誤點的火車時，誰不會有

想死的念頭？」但是，本章稍後會描述大自然對身體健康的益處。

室內植栽也算！

因此，從心理健康層面來看，大自然顯然舉足輕重。但是，不是每個人都可以那麼幸運，能夠在大自然的懷抱裡居住或工作，尤其是在城市居住和工作的人。（諷刺的是，就在我寫作本章之時，我的辦公室窗外，有一棟建造中的五層樓宿舍，活生生扼殺了美麗的山巒景色。）不過，令人鼓舞的是，證據顯示，即使是**室內植栽也能算是「大自然」，也能產生正向效應**。

關於檢視室內植栽對健康的效應，在一項最早的研究之一裡，研究人員請幾州的辦公室工作者評量整體的工作滿意度，並且提供辦公室環境的資訊。[5]具體而言，工作者被問到辦公室窗外的綠色空間，以及辦公室室內是否有活的植栽？

整體而言，辦公室內有活植栽的工作者，相較於沒有的人，更快樂、也更滿意。下列是各組表示「滿意」或「非常快樂」的比例：

- 「有植栽也有窗景」組為82％
- 「有植栽但無窗景」組為69％

- 「無植栽但有窗景」組為60％
- 「無植栽也無窗景」組為58％

有趣的是，雖然有室內植栽也有自然窗景的工作者有最高的生活品質，**擁有室內植栽的益處甚至高於擁有自然窗景**。工作場所同時有植栽與自然窗景的工作者，對於工作和自身工作表現的感受較佳。

那麼，關於這項資料的一個關鍵問題是，是否有其他因素可以解釋辦公室環境與生活滿意度的關係？畢竟，較年長、位階較優越、所得較高的工作者，更可能在有窗景的辦公室裡工作。但是，這些因素對於前述關係沒有解釋力：即使在控制了年齡、薪資、教育程度和職位等變項後，快樂程度並沒有差異。

前述研究所得出的資料還有一項疑慮：這項研究蒐集資料的對象，是在特定環境裡工作的人，因此可能有其他因素造成滿意度和快樂的差異。例如，或許整體而言比較快樂、對生活較滿意的人會選擇購置室內植栽，因此與其說是植栽產生正向的健康效益，不如說植栽的出現是健康者特意做的選擇。

為了檢視這個可能，研究人員測試了辦公室環境的變動如何影響工作滿意度的變化。[6]首先，所有的工作者都先完成工作場所滿意度、專注度和生產力的評量。八週之

後，半數的工作者會進入一個調整過的環境：室內設計師引進一些大葉綠色植物，放置於工作樓層各處。平均而言，每五張工作桌就有三盆植栽，每張工作桌直視範圍內都至少有兩盆植栽。另外一半的工作者，辦公室環境則與先前的沒有不同。

植栽放置後三週，研究人員讓工作者再次完成工作場所滿意度、專注度與生產力的評量。雖然在工作場所滿意度上，兩組人並無差異，但是辦公室環境現在看得到植栽的工作者，在專注力和生產力都有所提升。此外，工作者表示自身生產力提升的主觀感覺，也有客觀資料支持；資料顯示，相較於無植栽辦公室環境裡的工作者，有植栽辦公室環境裡的工作者，工作的完成更加迅速，而且同樣準確。

對於我們這些沒有那麼幸運能在辦公室（或家裡）坐擁自然景觀的人，這些發現有何啟示？去買一些植栽！

讓你的大腦休息一下 —— 到戶外散散步

身處大自然能產生如此戲劇性的益處，那又如何？我們的日常生活充滿了來自電話、交通、電視等的不斷刺激，所有這些事件都緊緊攫取我們的注意力，但是我們大腦的長期專注力有限，最終我們會不堪負荷，覺得心智耗竭；科學家把這個現象正式取名為「大腦疲勞」（brain fatigue）。換句話說，大腦需要休息。

根據注意力回復理論（attention restoration theory），
**身處大自然能讓大腦的認知面休息，與我們在日常生活裡
遇到的所有外在干擾隔絕。**自然環境能讓大腦放鬆，因此
在協助重建認知能力上有非常重要的功能。事實上，人在
安靜的自然環境裡散步一個小時之後，記憶力和注意力都
會出現提升，但是在喧鬧的城市街道上漫步，卻沒有同樣
的效果。[7]尤其，即使在臨床診斷為憂鬱症的患者身上，
這種益處也會顯現。[8]

即使是在自然環境裡的短暫休息，也有助於提升記
憶力、注意力和專注程度。例如，教室有綠色景觀的高中
生，考試成績較佳，勝於在沒有窗戶的教室，或是窗景為
人造空間景緻的教室，例如建築物或停車場。[9]類似地，相
較於光禿禿的水泥屋頂，瞥視草綠色屋頂短短40秒的人，
專注力較好，從事認知類型工作所犯的錯誤也較少。[10]

因此，我們找到了**一個讓你的大腦休息的簡單方法：
花點時間身處於大自然。**

有壓力嗎？走出戶外！

身處於大自然有助於我們的大腦和身體放鬆，接觸自
然基本上能讓身體從高度激奮的狀態，轉變為休息和放鬆
放態。因此，**要減輕壓力和持續生理激奮對人體造成的有**

害影響，在大自然裡待一些時間是上策。

最近有一項研究，研究人員讓參與者戴上裝有電極、能評估大腦活動的帽子，以直接比較大腦對於不同環境的反應。[11]與在城市地區走路的人相較，人在類似公園的環境裡散步，腦波較為平靜，興奮和沮喪的程度都較低，

與沿著繁忙街道步行的人相比，人在公園裡散步一個小時之後，感覺較不焦慮。[12]他們也比較不會鑽牛角尖，一如你在第5章讀過的，鑽牛角尖會導致憂鬱。[13]在與精神疾病風險相關的大腦區域，他們的神經活動也有降低的現象。

這種對大自然的短期接觸，甚至有助於減輕壓力的生理傷害。例如，日本對於森林浴的研究顯示，相較於在城市地區步行，單是在森林裡散步二十分鐘左右，血壓、心跳和皮質醇（一種壓力荷爾蒙）就呈現降低。[14]

這些發現解釋了為什麼經常接觸大自然的人（包括城市裡的公園和私人花園），顯現壓力和與壓力相關疾病的機率較低。[15]一如威斯康辛大學醫藥與公衛學院教授克莉絲汀·馬雷基（Kristen Malecki）所指出的：「如果你想要心情好，就走出戶外。」[16]

此外，**即使是觀看自然景觀照片，也能減輕身體自然的壓力反應。**有一項研究的研究人員，讓身為大學生的參與者配戴測量心臟電子活動的感應器。[17]接著，研究人員

讓參與者在電腦螢幕上觀看一系列的照片。有些照片是城市空間，例如建築物和停車場的車子，有些照片顯示的是城市環境裡的自然空間，例如城市人行道旁的樹。

在讓參與者觀看了照片之後，研究人員刻意對參與者引入壓力感。首先，研究人員給參與者一系列困難的數學問題。接著，參與者又得到假的反饋，顯示他們的測驗成績低於其他學生。可以想見，這個程序確實引發了壓力感。接著，參與者再次觀看同樣的照片，以檢視看到大自然的訊息是否有助減緩他們的壓力生理反應。

一如研究人員所預測的，看到自然景觀有助於學生從壓力中復原。看到綠色空間照片的學生，心跳速率比觀看水泥空間的學生慢。這項研究顯示，即使是綠意照片，也有助於人們從低度壓力裡復原。

神經科學更晚近的研究，有助於解釋為什麼大自然能夠減輕壓力感。在這項研究裡，研究人員讓受測者躺進功能性磁振造影機器，觀看城市景觀與自然景觀的照片，並且測量參與者的大腦活動。[18]照片經過精心搭配，因此每一張都具有視覺吸引力，而且色彩豐富；城市景觀顯示迷人的城市天際線，而不是交通或霧霾。每一類照片的總顯示時間為兩分鐘，每一張照片的顯示時間為一秒半，以保持受測者的投入程度。

雖然兩類照片之間有一定的類似度，測量大腦活動的

數據卻顯示明顯的差異。掌管同理心、利他、情緒穩定與正向心態的大腦區域，在參與者觀看大自然照片時遠更為活躍。對比之下，司職評估威脅和體驗壓力與焦慮的大腦區域，在參與者觀看城市照片時遠為活躍得多。這些發現指出，**觀看大自然的人，腦波活動較為平靜，表示他們更放鬆，焦慮程度較低。**

景觀房的力量

有項大自然與身體健康最早的關聯測試之一，研究人員檢視了賓州一家郊區醫院在十年期間接受膽囊手術的病患病歷。[19]這家醫院在二樓和三樓有獨特的環境，也就是在長廊一側的病房，病患可以俯瞰美麗的群樹，而另一側的病房，看到的是棕色磚牆。

接下來，研究人員比較了樹景房與牆景房的病患復原速度。他們也想要確保沒有其他困素影響復原速度，因此兩種景觀房的病患都根據性別、年齡（相差5歲以內）、是否為抽菸者、是否有肥胖症等條件，經過仔細配對。

他們的發現值得注意。首先，護士的報告顯示，磚牆景觀房病患的復原狀況都較負面，紀錄裡類似「需要更多鼓勵」、「不安、哭泣」的觀察，多於自然景觀房的病患。牆景房的病患對止痛劑的要求也更多（更強烈）。最後，也最重要的是，自然景觀房的病患，出院日將近提早

一天：7.96 日相較於 8.70 日。

　　雖然這項研究提供了有力的證據，印證自然景觀有助於病患的術後恢復，實務上卻有明顯的限制；畢竟，許多醫院都位於城市環境，而要給每個病患一扇自然景觀窗，或許也不可行。

　　幸好，**其他形式的自然環境，也能夠帶來正向效應。**例如，病房裡有活植栽的手術病患，在復原期的疼痛、焦慮和疲倦的程度，都比病房裡沒有植栽的病患低。[20]他們的生理擾動程度也較低，包括血壓較低、心跳較慢，對止痛劑的需求也較少。[21]

　　此外，**觀看自然景觀照片，也有非常類似的效果。**在另一項研究裡，心臟手術後恢復的病患都被安置到一模一樣的房間，除了一項重要的差異：房間裡的藝術擺設。[22]有些病患的房間完全沒有藝術品，有些是掛一副抽象畫，還有些是一幅大型的自然景觀照片（岸上有林樹的溪流，或是一片幽暗森林。）結果，有樹木溪流景觀照片的房間裡的病患，焦慮程度較低，止痛藥的需求也較低，勝於沒有藝術品、掛抽象畫，甚至是掛幽暗森林照片的房間裡的病患。

大自然對你的健康有益

　　有鑑於大自然減緩壓力與高張生理反應的作用，難怪**花時間處於大自然的人，整體的身體健康狀況較佳，與健**

康相關的不適抱怨也較少。[23] 舉例來說，樹木和公園等綠意空間較多地區的居民，慢性疾病風險較低，包括糖尿病（風險低14％）、高血壓（風險低13％），以及脂質異常（風險低10％）。[24]

花時間身處大自然的人，患高血壓的機率也較低。事實上，有些證據顯示，每週走訪戶外綠色空間至少30分鐘，能夠降低高血壓的罹患率高達9％，而高血壓是其他慢性病的主要成因。[25]

最重要的是，縱貫性研究提出了有力的證據，證明身處大自然具有延年益壽的真實效益。一項研究裡的研究人員，追蹤超過十萬名在八年期間完成健康問卷調查的女性。[26]在衛星影像的協助下，他們也檢視了個人居住地區的綠色植栽量。即使調整了其他增加死亡風險的因素，例如年齡、吸菸、BMI和社經地位，在綠地最多的地區居住的女性，死亡率比在綠意最少的地區居住的女性低12％。

不過，這並不是說，投身大自然能夠預防或治療所有疾病。加州大學柏克萊分校的景觀建築教授克蕾兒·庫柏·馬可斯（Clare Cooper Marcus）就指出：「在設計精良的花園裡與大自然互動無法治癒你的癌症，或治療嚴重燒傷的腿。但是，有很好的證據顯示，這能減少你的疼痛和壓力程度。還有，你可以藉此強化你的免疫系統，讓你的身體和其他療法幫助你痊癒。」[27]

正向轉變的錦囊

讀過本章，你應該知道，身處大自然對於身心健康都非常有益。然而，我們總是低估投身大自然對快樂的價值，即使是在戶外散步時間相對短暫的人（大約17分鐘），也都低估了這種散步對他們的心情和放鬆感的成效。[28]

現在，你知道大自然的益處了，請採取行動，增加你投身大自然懷抱的時間。下列是展開行動的一些簡單方法。

讓大自然融入你的生活

走進大自然有許許多多的好處，從提升注意力和專注力，到減少憂鬱和焦慮，還有降低心跳速率與血壓，都包括在內。所有這些成效，在人們真正投身大自然時最為顯著，有許多簡易的方式，能將大自然的某種形式融入你的日常生活，下列是一些例子：

- 到戶外散個步。
- 買植栽布置家裡和辦公室。
- 在開車或打掃房子時聆賞自然之音。

記住，幾乎任何形式的大自然內容都算。從有自然景觀的窗戶、辦公室擺設活植栽，到走出戶外休息，自稱在

工作環境裡對任何形式的自然接觸較多的人，壓力程度較低，健康不適的投訴也較少。[29] 類似地，光是停下來拍攝大自然的記號，如樹木、植物或日落等，就會讓人比較快樂和喜悅，勝於拍攝人工物件。[30] 因此，如果你無法每天挪出30分鐘出門散步，也不必擔心；只要尋找簡單的小方法，以某種方式把大自然融入你的生活即可。

蒔花弄草，闢一座小花園

這點對我而言是難事，因為我實在沒有相關天分。但是，實證研究告訴我們，栽種、照顧花園，是減輕壓力、給大腦渴望的休息的好方法。

在一項研究裡，研究人員要參與者完成一項有壓力的活動，然後要他們進行兩項活動中的一項：[31] 一半的人在室內閱讀三十分鐘，另一半的人在戶外從事園藝活動三十分鐘。雖然兩項活動都有降低壓力的效果，但是事實證明，**園藝活動的舒壓效果優於閱讀。**

園藝也有益健康，包括減緩憂鬱，提升生活滿意度。[32]

到海邊走走

許多人都有在海邊的歡樂回憶，從造沙堡、在海浪裡游泳，到欣賞海浪拍擊沙灘碎成浪花等。在海邊的感覺如此美好是有原因的：注視水有助於身體平靜，減少高張的

身體反應。**看海能減緩心跳、降低血壓，增加體內的血清素和內啡肽，這些都是讓我們感受良好的荷爾蒙。**

在海邊的益處之一，是它能讓大腦休息，阻絕日常生活裡不斷的刺激。但是，當我們去看海，讓我們心情好的不只是那份悠閒。出人意料的是，**以水為主題的自然照片，也能讓觀看者進入更正向的狀態，甚至比只有綠色景觀的大自然照片還有效。**[33]

想要更了解在水邊的益處嗎？讀一下海洋生物學家華勒斯・尼可斯（Wallace Nichols）所作的《藍色心靈》（*Blue Mind*）一書。他在書中描述了水如何有益於精神與身體健康。

第 10 章

聰明消費：
旅遊、看戲、看比賽

德國作家海因里希‧伯爾（Heinrich Böll）寫過一則
精采的短篇故事，講述一名富有的觀光客與在他的
船上打盹的漁夫的相遇。[1]這名觀光客和漁夫攀談，鼓勵
他繼續釣魚，並指出日積月累下來，更努力工作能讓他賺
足夠的錢，擁有好幾艘船，然後讓別人為他釣魚。漁夫
問道，為什麼他應該以此為目標？觀光客答道：「這樣一
來，你就能無憂無慮地坐在這個港口，在陽光裡打瞌睡，
凝視這片美麗的海洋。」

　　當然，這正是漁夫已經在做的事。

　　這個故事點出現在相當多實證研究已經證明的事：**相
較於對金錢無止境的追求，用能帶給我們喜悅的方式過日
子，能讓我們更快樂**。富有的觀光客鼓勵漁夫把時間花在

追求賺更多錢，然而有智慧的漁夫已經明白，他真正的快樂來自陽光裡的小憩。在本章，我會解釋為什麼金錢無法帶給我們快樂，為什麼物質主義的心智模式可能有害，以及為什麼花錢購買體驗是最明確的快樂之道。

為什麼金錢買不到快樂？

人往往會忍不住以為，錢愈多，就能帶來愈多快樂。畢竟，大部分的人都會渴望一些昂貴的東西，從時髦的車子、更大的房子，到更舖張的假期。所以，能夠體驗這種奢華生活的人，當然會比較快樂，不是嗎？

但是，其實金錢真的買不到快樂。一如圖表10.1所示，**每個人的所得在過去60年來已經大幅增加，然而在這段期間，自稱覺得「非常快樂」的人，比例卻相當穩定。**

最早指出這個或許違反直覺的發現的研究之一，比較的是大樂透獎金得主與沒有一夜暴富經驗者的快樂。[2] 雖然兩組人對自己的快樂程度評等並沒有差異，樂透得主在各項尋常活動的快樂評分（例如看電視、聽到笑話、與朋友聊天），其實低於沒有中過樂透的人。

這些關於金錢與快樂之間相對缺乏關聯的發現，也有助於解釋為什麼富國居民並沒有感到比較快樂。一如馬里蘭大學公共政策教授卡蘿‧葛蘭姆（Carol Graham）在她的《世界快樂地圖：快樂農夫與哀愁富翁的矛盾》

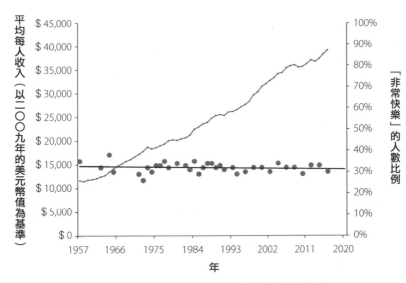

圖表10.1 小圓點構成的線表示個人所得，在過去60年間大幅成長。
但是，自稱「非常快樂」的人數比例，如大圓點所構成的線，卻沒有變動。

Myers, D. G., & Diener, E. (2018). The scientific pursuit of happiness. *Perspectives on Psychological Science, 13(2)*, 218–225. Copyright © 2018 by SAGE Publications. Reprinted by Permission of SAGE Publications, Inc.

（*Happiness Around the World: The Paradox of Happy Peasants and Miserable Millionaires*）一書裡提到的：「較高的人均所得，無法直接轉化成較多的快樂。」[3]例如，孟加拉居民自稱非常快樂的人，比例是蘇俄的兩倍，雖然蘇俄人的富有程度是孟加拉人的四倍。類似地，奈及利亞的快樂指數是日本的兩倍，雖然日本人的所得是奈及利亞人的將近25倍。[4]

後續的大樣本研究甚至提出了更有力的證據，顯示所得增加無法讓我們更快樂。有一項納入將近50萬美國人的大規模調查，評量了家計所得、生活滿意度和情緒健康。[5]生活滿意度評估的是人們對生活目前狀態的整體滿足感，情緒健康評量的是當事人是否經常感受到正向情緒，例如快樂和樂趣。

這些發現顯示，所得與生活滿意度存在正相關；**所得較高的人，確實對生活整體更加滿意。然而，所得與情緒健康的正向關係，只到某個程度為止**。對於所得約在7萬5千美元或更多的人，所得增加並不會更快樂。雖然所得超過9萬美元的人，自稱感覺「非常快樂」的人數比例，將近是所得低於2萬美元的人數比例的兩倍；基本上，所得介於5萬美元、但不足9萬美元的人，快樂程度並沒有差異。[6]

不過，更多金錢無法增加快樂的這條通則有一個例外：**對於生活在貧窮線以下的人，金錢的缺乏會加重日常生活的壓力源**，例如健康問題和車子問題。這樣的人可能要擔憂沒有足夠的錢滿足基本需求，例如食物、居所、暖氣等。對他們而言，金錢增加確實能夠增加快樂。畢竟，人如果還要擔心子女有沒有足夠的食物可吃，或是家人是否有暖氣可以度過這個冬天，是不可能感到快樂的。因此，緩解貧窮的金錢補助計畫，能夠直接增加快樂，部分

是因為額外的所得，減緩了人在這種生活條件下的壓力。[7]

換言之，**在基本需求滿足之後，以快樂而言，重要的是我們對於時間分配的選擇**。把更多時間用於能讓我們感到快樂的事，例如讀一本書、看電視、與朋友社交等，是增加快樂更好的方法，勝於把更多時間分配給工作，賺更多錢。

物質主義之害

誘惑在我們周遭各處蠢蠢欲動，讓我們以為快樂來自獲得更多、更好的物品。廣告的影像清楚傳達出一項訊息，那就是擁有更好的車、更上等的珠寶，或是更大的房子，是通往更滿意的人生的路徑。

但是，實證研究不只駁斥這個想法，甚至還指出，單純追求物質其實反而會減損快樂。事實上，**物質主義傾向強烈的人，生活滿意度一面倒地偏低**。他們每天的正向情緒體驗較少，更容易憂鬱，而且有更多關於健康不適的主訴症狀，包括頭痛、背痛和喉嚨痛。[8]

物質主義甚至與較低的婚姻滿意度有關。配偶雙方的物質主義傾向都較低的婚姻，衝突較少、溝通較佳、也更滿足，勝於一方或雙方配偶都有強烈物質主義傾向的婚姻。[9]此外，他們的婚姻也更容易維持。

無底洞似的購物需求，根源通常來自低自尊的感受。

自我感覺不好的人，誤以為買更多實體物品能讓自己感覺良好。雖然他們會從物質的獲得，體驗到一時的感覺提振，但這種正向感受很快就會消退。此外，一如第6章所述，用買東西展現財富注定是一場敗仗，因為總是會有人擁有更多、更好的東西，這就是為什麼住在富裕地區的人，更注重購物，卻不是更快樂。

但是，**即使是通常不注重購物的人，暫時把心思放在消費主義，也會有損快樂**。[10]在一項研究裡，研究人員給一部分人看奢侈品的影像，例如車子、電器和珠寶，並讓另一部分人觀看中性影像。觀看物質影像的人，後來顯現的憂鬱和焦慮程度較高，顯示即使是短暫的物質主義心智模式，也會損害心理健康。他們也對從事社交活動比較不感興趣。

有鑑於物質主義對快樂的負面影響，我們能做些什麼，以減少對物質主義的強調呢？請切記，想要用購物找到快樂，是一門虧本生意。事實上，佛教徒認為物質其實是真正快樂的阻礙。一如杜克大學宗教學教授、《菩薩之眼》（*The Vision of Buddhism*）一書作者羅傑・寇勒斯（Roger Corless）說過的：「想要用累積物品得到快樂，有如想用三明治拍打全身以解決飢餓。」[11]

快樂水車

金錢為什麼無法帶給我們所期望的長久快樂？一個原因是我們對於新得到的財富會變得習慣而終至無感。**一開始，得到額外的金錢很好，但是隨著時間過去，我們會適應高所得水準或意外之財，此時金錢就不再能夠帶來更多快樂。** 心理學的研究人員稱這種適應狀態為「快樂水車」（hedonic treadmill）。

關於適應的力量，在此舉個例子。回想你得到第一支手機的時候：你的感覺有多興奮？或許非常興奮，因為突然之間，你可以從車子裡打電話給別人！這個新裝置一開始令人雀躍不已。

但是，現在想想，如果你目前的手機換成15或20年前讓你那麼開心的那支手機，我敢說，你不會那麼興奮，因為我們現在已經適應了智慧型手機上愈來愈多的科技。因此，我們現在期望手機不只能讓我們在車裡打電話，還要能照相、讀報或買書。這個例子清楚說明了我們如何隨著時間過去而適應，並且發現原本讓我們更快樂的事物（例如加薪、手機），隨著時間過去，不再具有同樣的效果。

此外，一如第6章所述，財富的增加，也會改變我們比較的事物。所得增加或許能讓我們搬進更豪華的社區，或是送子女上私立學校，我們預期這些都會讓我們更快

樂。但是事實上，新環境只會改變我們比較的事物，而這些比較會讓我們感覺更糟。例如，新社區裡的每個人可能都開昂貴的車子，或是付很高的費用請人修剪草坪，而我們的子女在新學校的朋友的假期更奢華，可能家裡還有第二間房子。突然間，我們新得到的財富感覺又沒有那麼好了。一如富蘭克林所說的：「金錢從來不曾讓人快樂，以後也不會。金錢的本質裡，沒有任何能夠產生快樂的地方。人擁有的金錢愈多，欲望就愈多。」[12]

快樂與金錢之間之所以缺乏整體關聯，第三個解釋是金錢可能會改變我們分配時間的方式。諷刺的是，擁有更多金錢的人可能會在無意之間，把時間花在不會帶來快樂的事物上。所得高於平均的人，花較少時間追求能增加快樂的活動，例如運動或放鬆，而把時間花在不見得必要的活動上，例如工作或通勤。例如，年所得超過10萬美元的人，大約有20％的時間花在休閒活動，而年所得低於2萬美元的人，休閒活動大約占他們時間的34％。[13]所得較高的人也較少在傍晚社交，白天與他人互動的時間也較少。[14]

所得較高的人，獨處的時間也較多，這種整體的趨勢，甚至會影響他們對快樂的體驗。一項最近的研究發現，所得較高的人，較多以自我為焦點的情緒感受較多，例如驕傲和自滿。[15]對比之下，所得較少的人，較多以他人為焦點的情緒感受，例如同情和愛。加州大學艾爾文分

校心理學教授保羅・皮夫（Paul Piff）指出：「財富無法為你帶來快樂的保證，但會引導你體驗不同形式的快樂，例如因為對自己感到滿意而來的快樂，或是從你的朋友和人際關係而來的快樂。」[16]

　　一如第12章中將描述的，**社會關係是快樂的最佳指標**，因此所得高的人可能會因為花較少時間與他人相處，而錯失快樂。在這種情況下，更多財富其實反而會減少快樂。

花錢買經驗最划算

　　本章目前的焦點在於解釋為什麼更多金錢無法帶來更多快樂，好消息是，我們可以採取確實能夠帶來快樂的消費方式。能夠增加快樂的一種花錢方式，就是把錢花在人的身上，包括朋友和家人，甚至是陌生人，這點將在第11章中描述。

　　還有哪些花錢方法，有益於我們的心理幸福？

　　相較於把錢花在購買實體物品上的人（擁有東西），把錢花在獲得人生體驗的人（從事活動），快樂更深刻、更長久。[17]因此，花錢買票看重要比賽、觀賞百老匯表演，或是參加精采的旅程，是增加快樂的好方法。另一方面，花錢購買昂貴的汽車、手錶或鞋子，對於快樂只有曇花一現的影響。一如賓州大學正向心理學中心主任馬汀・塞利格曼（Martin Seligman）所描述的：「物質就像法式

香草冰淇淋，第一次嚐，滋味很棒，但是等你吃到第七次，就味同嚼蠟。」[18]換句話說，選擇花錢製造回憶，勝過花錢裝修浴室。

只可惜，人們對於哪種消費能給自己帶來最多快樂，幾乎總是失算。人們通常預期購買物質品能讓自己更快樂；畢竟，物質品會留在我們身邊，可以重複使用，我們可以一再從中得到快樂；對比之下，經驗稍縱即逝，想必只能帶來短暫的快樂。

有研究人員進行一項實驗，要人們設想某項採購能帶給他們多少快樂？[19]人們一面倒地認為，買物質品能給他們帶來的快樂，高於買體驗。但是，當研究人員在兩到四週後問同樣的人，他們對於他們的花費感覺有多快樂？此時，買經驗的人快樂得多。

為什麼花錢買經驗優於花錢買物質品？因為我們會對體驗有所期待，我們會與他人分享體驗，我們也會重溫體驗。

令人期待的快樂

你曾經有過一段你事前思考、規劃長達數週或數個月的夢幻旅行嗎？你曾經思考要去哪裡、要看什麼東西之類的事情嗎？如果有，恭喜你！這種期待是從單一事件裡萃煉出更多快樂的好方法。這就是孩子在耶誕節早上來臨之

前所經歷的那種期待 —— 他們會不斷地回味那一天，部分是因為他們對於在未來幾天和幾週可以打開華麗禮物時的快樂有所期待。（德國人甚至有特別的詞彙描述這種情況：**期待是至高的喜悅。**）

作家 A. A. 米恩（Milne）的小熊維尼系列故事書裡，有一段精采的引言，精準地描寫了期等的快樂：

> 「這個嘛，」維尼說：「我最喜歡的就是，」接著，他不得不停下來思考。因為吃蜂蜜雖然是非常美好的事，但是在你開始享用蜂蜜之前，有那麼一刻，比真正吃蜂蜜的時候還要美好，但他不知道該怎麼稱呼它。

當然，它就叫做「期待」。

你大可不必把我說的都奉為真理，但是有**科學研究證明，對某事物懷抱預期的人，比不抱預期的人體驗到更多快樂**。例如，有研究人員請大學生參加「巧克力評鑑」研究。[20] 研究人員要求半數學生立刻吃掉賀喜（Hershey's）的 Kisses 或 Hugs 巧克力，然後為他們的喜歡程度評等。另一半的學生也是吃巧克力並為巧克力評等，不過要等待 30 分鐘才能開始。你能預測他們的發現嗎？等待 30 分鐘才品嚐巧克力的學生，對巧克力顯現的喜歡程度，比立刻

享用的學生高出許多。

因此，為什麼花錢買體驗能得到更多快樂，一個原因是對體驗的期待比新物質品更有樂趣。[21]想想你從期待一段等待已久的歐洲假期中所能得到的快樂 —— 那些你將看到的事物、你將要品嚐的東西。現在，想想你從期待將要送到的實質物品所能得到的愉悅，例如一輛車、大螢幕電視，或是新電腦等。對大部分的人來說，期待新物品送到（「我等不及要拿到我的新包包！」）所引發的快樂，低於對旅行的期待（「我等不及要看馬丘比丘！」）。

這項研究的發現，讓我和我先生徹底改變我們每年給孩子的耶誕禮物類型。我們不再購買昂貴的物品，而是花錢購買某種體驗。有一年，我們給女兒的是音樂劇《漢密爾頓》（*Hamilton*）的票，還有一年是《與明星共舞》（*Dancing with the Stars*）巡迴演出的票。（結果發現，對一個11歲的女生來說，《與明星共舞》並不是最適當的選擇。）至於兒子，這些體驗向來和運動有關，如波士頓塞爾提克隊或波士頓棕熊隊的比賽門票。

因此，**當你要買東西給所愛的人時，考慮一下，不要又是買物品，改成買一種體驗**，例如做一天的SPA、音樂會門票，或是最愛餐廳的禮券等。

分享體驗的力量

買體驗的益處還有一個解釋是，人比較喜歡與他人分享體驗，買物品卻比較喜歡單獨使用。畢竟，如果是去旅行或去戲院，你比較可能和朋友同行，而不是獨自參加，但如果是購買新皮包、手錶或筆電，比較可能是自己用，而不分享。或許是這種與我們關心的人分享體驗的傾向，讓體驗對快樂有更大的影響力。就像健行家、漫遊家克里斯・麥克坎道里斯（Chris McCandless）所寫的：「**快樂唯有在分享時才真實。**」[22]

有項研究的研究人員，藉由比較花錢買體驗與花錢買東西，以及為個人目的與為社交目的而花錢的相對益處，直接測試這個問題。[23]根據這項研究，花錢的最佳方式又是什麼呢？

首先，社交花費比個人花費能帶來更多快樂，意思是買全家人都能享受的大螢幕新電視，會比買打算自己要用的新皮包或手錶更快樂。不管是買實體物品或買體驗，這項發現都成立；花錢買社交分享體驗的人（例如和朋友參加音樂會，或是和另一半去渡假），滿足感高於花錢購買單獨體驗的人（例如自己參加運動活動，或是單獨去旅行。）

但是，**最能夠保證帶來快樂的，是花錢購買社交分享體驗**，例如和另一半規劃旅行，或是帶全家去觀賞百老滙

演出。事實上,社交分享體驗對於快樂的影響,高過花錢購買單獨體驗或實體物品(獨享或共享)。這些結果指出花錢買體驗對快樂的深切利益,尤其是那些體驗可以和我們關心的人分享時。

重溫的力量

想像你剛歷經了一段美好的旅程,可能是在加勒比海全包式渡假村放鬆一週,或是在羅馬遊歷博物館和歷史遺蹟興奮一週,或是到優勝美地國家公園健行。現在,想像你剛花了一筆錢買東西,可能是豪華的新車、奢華的手錶,或毛皮大衣。這些開銷項目當中,你比較會和他人分享哪一項?你可能已經預測到,我們與他人談論我們經歷的可能性,遠勝於我們採購的實體物品。

談論經歷能夠增加我們對原來事件的快樂,[24] 我們喜愛對他人描述我們的旅行,部分是因為我們在訴說中也在心裡重溫了那趟體驗。體驗之所以如此值得,正是因為我們可以回想。

我們發現,**與人談論我們所購買、同樣昂貴的實體物品,樂趣就少得多**。一開始,我們可能順口提到我們買了新車,但我們不大可能繼續對他人描述新車的購買經驗,或是我們的駕車體驗。

一如這些研究的作者阿米特·庫瑪(Amit Kumar)所

指出的：「體驗會繼續活在我們的記憶，以及我們訴說的故事裡，但實體物品會隨著我們對它們習以為常而『消失』。曾經視如珍寶的隨身聽，現在已是過時品，但是一如亨佛利・鮑嘉（Humphrey Bogart）在電影《北非諜影》（*Casablanca*）中告訴英格麗・褒曼（Ingrid Bergman）的：『我們永遠有巴黎的回憶。』」

芝加哥小熊隊世界大賽門票的兩難選擇

我哥哥麥特是芝加哥小熊棒球隊季票的老主顧。2016年10月，他面臨了一個非常不尋常的兩難：他該如何處理他手中的四張世界大賽門票？一個選項是帶他的妻子和兩個孩子去看比賽，這顯然是一個非常特別的機會；另一個選項就是把票賣掉，現賺1萬美元入袋。

在讀過這章之後，你或許想像得到我對麥特的建議。根據快樂科學的研究，最佳答案有兩個。其中一個當然是帶家人去看比賽，享受共享的體驗（並在很長的一段時間裡回味、記得那些回憶。）另一個也不錯的選項是賣掉票券，拿到1萬美元，然後展開一次美好的家庭旅行，到迪士尼樂園，或是大峽谷或夏威夷。這些選擇的任何一項所能達到的快樂，應該都高於購買一輛新車或為客廳添購家具。最後，他們去看了比賽，而奇蹟似地看到小熊隊世界大賽在瑞格利球場唯一的勝場。

對於我哥哥和他的家人來說，比起輕鬆賺 1 萬美元，花錢去看比賽是遠為更好的選擇。他們對看比賽滿心期待，一家人一起進場看球，在他們與別人分享這段獨特體驗的故事時重溫這個晚上。這種快樂，是金錢真的可以買得到的快樂！

正向轉變的錦囊

我們都想要更快樂，但是我們經常用各種錯誤的方法追求快樂。《紐約客》（*The New Yorker*）雜誌有一幅很棒的諷刺漫畫，畫裡是一個臨終的人說：「我應該多買些廢物的。」關於物質的價值，我們應該試著不再被那些不斷聽到的訊息所左右，明辨真正重要事物的緩急順序（花錢買經驗，尤其是我們能懷抱期待的共享經驗），才是真正的快樂之道。

下列是一些你可以運用在日常生活中的簡單策略，幫助你找到更多快樂。

時間重於金錢

一如本章稍早曾描述的，我們的時間分配，對於我們的快樂有著重大的影響。因此，**一個提升整體幸福感的好方法，就是盡可能剔除會降低快樂的事項。**這可能意味著不要那麼常做某些事，例如，如果你討厭換床單，或是吸

地板，或許這些工作可以每兩週做一次，而不是每週一次。有些情況，雇用別人來執行某些工作，例如打掃你的房子或修剪草坪等，可以大幅增加你的快樂。

無論研究對象是大學生還是青年，自稱把自己的時間看得比自己的金錢還重要的人，心理健康和生活滿意度都較高。[25]花錢節省時間的利益，在各文化與各種社經背景的人之間都可以看到。

下列是一個花錢節省時間，如何帶給我們好心情的例子。在一項研究裡，參與者會在連續兩個週末得到40美元，但是這筆錢要怎麼花，也附有嚴格的指示。[26]在其中一個週末，這些人得到的指示是要把錢花在物質採購上，例如書本或衣服。在另一個週末，這些人被告知要把錢花在節省他們時間的某些事物上，例如搭計程車，而不是走路，或是在餐廳吃飯，而不是自己下廚。

研究人員接著請這些人在每個週末結束後，為自己整體的壓力和健康程度評分。你能預測到研究人員發現了什麼嗎？相較於他們花錢買物質的那週，在為節省時間而花錢時，他們的壓力和負面情緒都較低，正向情緒較高。花錢節省我們的時間，似乎能夠減輕日常生活的壓力，因此能夠創造更多快樂。

在日常生活中，我們還可以做很多節省時間的選擇：

- 雇人打掃房子、耙落葉、修剪草坪，或是鏟車道。
- 外帶晚餐，不要下廚。
- 搭乘較貴的直飛班機，捨棄中途要短暫停留的廉價班機。

在許多情況下，你會發現，**把時間放在金錢前面，是增加快樂的最佳之道。**

拍照

想像你第一次走訪某座城市，參加巴士遊覽主要景點，如博物館、雕像、知名建築等。如果你拍照的話，旅遊體驗到的快樂會不一樣嗎？

有項研究就是為了檢驗這個問題而做的。[27]研究人員要求其中一組訪客，必須在一趟一小時的遊覽中至少拍十張照片，另一組訪客則必須把他們的照相機和手機留下來，因此無法拍照。調查顯示，拍照者的遊興較高。為什麼？因為**拍照讓當事人對體驗更加投入。**

雖然這項研究檢視的是拍照如何影響人對實際體驗所感受的快樂程度，**拍照其實還有另一個好處，那就是用照片記錄體驗，能讓當事人在事後回想，這也能增加快樂。**想想看，你在瀏覽假期、慶生會，或是記錄子女值得記念的人生時刻的照片時，你可能感受到的那種快樂。

規劃旅遊

　　規劃旅遊其實是創造快樂的好方法，因為它能讓我們有所期待。一如本章前文中所提及的，期待能夠增加快樂。假期的規劃者比非規劃者更快樂，這點耐人尋味，也在意料之中，但是快樂在假期結束之後並沒有持續增加。[28]雖然我們在假期結束之後，可以藉由與朋友講述經歷，透過照片重溫回憶，享受快樂時光，但是一旦我們回到日常生活的常軌上，快樂並不會持續增加。

　　對旅遊的期待所創造的快樂，甚至多於我們回想實際經歷的旅程。[29]畢竟，人通常會期待好事，例如將要享用的大餐、將要參觀的知名博物館，在從未去過的城市裡到處走走看看時的興奮感等。在回想時，旅途當中一些沒那麼正面的現實事件會滲進我們的回憶，例如遺失的行李、排得長長的人龍、吵鬧的旅館房間等。

　　因此，增加快樂的一個簡單方法就是規劃旅行。我在睡不著或感到焦慮時，下列是我的首選策略：拿出一本旅遊書，開始規劃旅遊。有時候，規劃會成真，但多半不會實現，雖然我還是希望有一天能夠看到諾曼地的沙灘、走訪龐貝的廢墟、在地中海上航行。

第 11 章

送別人一份禮物 ——
任何人都行

2004 年 12 月 26 日清晨,捷克的模特兒佩特拉‧涅姆柯娃(Petra Němcová)和她的英國攝影師男朋友賽門‧阿特里(Simon Atlee)在泰國海岸休閒區渡假時,一場地震引發了印度洋的海嘯。第一波海浪襲來時,佩特拉和賽門在他們的小屋裡,海浪在一瞬間把兩人沖出屋外。佩特拉的骨盆破裂,遭受嚴重內傷,但是在緊攀著一棵棕櫚樹八小時後獲救。賽門沒有倖存下來。

從受傷中復原後,佩特拉決定返回泰國,幫助人生在這場天災裡支離破碎的其他人。她從「開心基金」(Happy Heart Fund)開始,這個組織的工作重點是重建學校,幫助年幼的受害者。據她自己表示,她的動機有部分是出於私心:「當我們讓別人開心,我們自己會變得更開

心。如果你決定設法幫助他人，你自己才是最大的受惠者，因為幫助他人會帶來驚人的喜樂！」[1]

在本章，我會描述為什麼對他人付出，是找到快樂最好的方法之一。事實上，**對他人付出能夠增加我們自身的快樂、提升我們的健康，甚至延長我們的壽命**。或許最重要的是，任何類型的付出都算數，從捐款給慈善機構、在社區擔任志工，到捐血，都是一種給予。

找快樂，找錯了地方

假設有一天早晨，你在你的車裡找到一張皺巴巴的二十美元紙鈔，於是你決定花掉這筆「飛來橫財」，讓自己這一天更開心。要達到這個目標，最好的方法是什麼？大部分的人可能會想到買一些自己喜歡的東西，例如在一家最愛的餐廳吃午餐，買一本一直想要的書，或是去做美甲等。

但是，關於把這筆錢花掉的最佳方式，我們的直覺其實大錯特錯。為了檢視不同的花錢方式如何帶來快樂，研究人員在街上隨機徵詢路人的同意，參加一項快速的心理研究。[2]同意參加的人先為自己的快樂評分，留下他們的電話號碼。接著，他們會拿到一個信封，裡頭裝著的可能是五美元，也可能是二十美元。研究人員要求他們在當天下午5點以前花掉信封裡的錢，而且要按照研究人員給他

們的明確指示花錢。有一組人要把錢花在自己身上，例如支付帳單、付清費用，或是買禮物給自己。另一組人要把錢花在別人身上，例如當作禮物送給別人，或是做為慈善捐款。參與者把錢花掉之後，傍晚時會接到電話，詢問他們的快樂感受。

說來或許並不令人意外，得到五美元和二十美元的人，快樂程度並沒有差異。然而，把錢花在別人身上的人，快樂程度高於把錢花在自己身上的人，雖然這兩組人在一天開始之時的快樂程度並沒有差別。因此，影響我們感受的是花錢的方式，而花在別人身上的錢即使是少到像五美元這麼少，即使對方是我們不認識的人，也能夠讓我們更快樂。

關於對別人付出比保留給自己的感覺更好，還有一項研究也顯現類似的結果。在這項研究裡，研究人員讓參與者可以選擇用參與研究的酬勞買一個福袋。[3] 一半的人被告知，他們可以留下買的福袋，而另一半的人被告知，他們買的福袋會捐給當地一家醫院的病童。被告知福袋會捐給病童的人，比較快樂，勝於把福袋留給自己的人。

這項研究特別有意思的一點是，人在評估讓自己更快樂的最佳花錢方式時，經常失算。事實上，**大部分的人都以為，花錢買東西給自己，會比花錢在別人身上讓自己更快樂**。可惜，這個直覺上的錯誤，顯示我們花錢並未花對方法。

利社會支出的福利

　　前述研究顯示的是為別人付出小額金錢能讓我們更快樂。雖然這些發現可能不符合我們對於如何提振快樂幅度的最大直覺，但它們或許也只適用於金錢相對小額的情況。

　　為了檢視砸重金和快樂之間的關係，研究人員對全美國的人進行調查，了解他們的年收入支出狀況，並且評鑑自己一般的快樂程度。[4]根據受訪者表示，每月主要開銷包括帳單和費用（房貸／房租、車錢、電費）、給自己的禮物（衣服、珠寶、電器）、給他人的禮物，以及慈善捐款。接著，研究人員綜合前兩類資料（用以衡量「個人支出」），以及後兩類資料（用以衡量「利社會支出」）。然後，他們檢視快樂和兩種支出的關係。

　　他們的發現非常清楚：快樂與個人支出之間沒有關聯，意思是人們為自己買的東西無法做為預測快樂的指標。對比之下，**人們花在別人身上的支出愈多（給他們認識的人買禮物，或是透過慈善組織捐款給他們不認識的人），他們就愈快樂**。為別人付出和快樂之間的這種關聯，在研究人員考慮年收入時仍然成立。

　　這項研究的一個問題是，研究人員無法確認，慷慨是快樂的表現，或是快樂的成因；換句話說，或許是因為快樂的人會對別人多付出，而不是因為付出而帶來快樂。為

了更精準地回答這個問題，這些研究人員後來進行了另一項研究，檢視付出類型與快樂的關聯。

這項研究檢視人們如何花用他們從公司領到的獎金（5千美元），研究結果也顯現了同樣的結論。把獎金花在別人身上的人，後來比花在自己身上的人更快樂。即使研究人員把整體所得與獎金金額納入考量，這項發現也仍然成立。總之，獎金用於利社會支出愈多的員工，在獲得獎金後，也愈快樂，而他們花用獎金的方式，比獎額本身的大小，是更重要的快樂預測指標。

關於付出和快樂之間的關聯，這些發現在一項又一項的快樂研究裡出現。例如，蓋洛普進行的一項全球調查發現，在136個國家裡，有120個國家，在過去一個月曾經做過慈善捐獻的人，對於生活的滿意度較高。[5]因此，即使是在貧窮國家，把錢花在別人身上，也是更快樂的有力預測指標，勝過把錢花在自己身上。

要滿足我們的基本需求，顯然需要花費相當的金額於個人支出。畢竟，個人支出包括許多必要開銷，例如房貸、雜貨和瓦斯費等。但是，**即使是略微轉變，把更多錢分配給利社會支出，也能讓我們更快樂。**

付出時間也算！

雖然給予一般而言能夠增加快樂，但能夠與他人建立

關係的給予形式，特別能夠提升我們的快樂感受。例如，有項研究在街上隨機發給路人 10 美元的星巴克禮物卡，[6]這些幸運的受贈者也會得到關於如何使用禮物卡的明確指示：

- 有些人得到的指示是：用這張禮物卡找人一起去喝杯咖啡。
- 有些人得到的指示是：把禮物卡送給別人，而且他們不能和對方一起去星巴克。
- 有些人得到的指示是：禮物卡完全留給自己用，只能自己一個人去星巴克。
- 有些人得到的指示是：找朋友一起去星巴克，但是禮物卡只能給自己用。

透過這項研究的設計，研究人員可以檢視花時間與朋友相處、送禮給別人，以及送禮給自己的相對益處。

研究人員發現，用禮物卡嘉惠別人，而且花時間與對方一起在星巴克待一段時間的人，快樂程度最高。因此，**付出是好事，但是以與他人互動的方式付出特別好。**

這項發現解釋了為什麼當志工能夠增加快樂，因為當志工可以與其他志工建立關係，也可以與社群裡有需要的人建立關係。[7]相較於從來不當志工的人，每個月當志工的人，「非常快樂」的比例高出 7%。[8]據說甘地有一句勵志

名言：「找到自己的最佳方式，就是在服務他人中忘我。」

　　一項神經質（neuroticism，衡量當事人憂鬱、焦慮和緊張的程度）與志工服務之間關聯的全美調查，提出更清楚的印證，顯示付出讓我們快樂。志工服務率最高的州，例如猶他、南達科他和明尼蘇達，全都位居神經質最低的十州之列。另一方面，居民的神經質傾向較高的州，志工服務率是最低的。[9] 雖然居民較富有的州，確實志工服務較旺盛，這想必是因為所得高，自由時間也多，但是這些發現已經把各州整體所得水準納入考量。因此，即使研究人員根據州財富進行數據分層，志願服務率較高的州，整體幸福水準還是比較高。

付出為什麼令人感覺這麼好？

　　多年前，我有次開車載著我家小孩，要到附近的麥當勞。車子在轉彎進停車場時，有部車闖紅燈，差一點撞到我們。那部車打斜著煞了車，我也把車方向錯開打斜著煞了車，不知怎麼有如奇蹟似的，我們沒有高速撞車。在恢復呼吸之後，我駛進得來速車道……那時，我發現那部剛剛差一點就撞到我們的車子，就排在我們前面。

　　對方駕駛點了餐，繼續往前開到下一個窗口取餐。我在車道上等待時，注意到那名駕駛在點餐車道窗口和收銀員講了很久，彷彿收銀員是他失聯已久的表弟之類的。我

愈來愈火大，因為我的麥當勞得來速體驗以差點釀成嚴重車禍開始，現在又耗掉了二十分鐘。

終於，那輛車駛離了窗口，那名駕駛在這時搖下車窗，伸出手，向我略揮了揮。

那一刻，我氣極了，於是我也搖下車窗，但我比的是另一種手勢。

輪到我停車取餐，當我把信用卡遞給收銀員時，她立刻把信用卡還給我說道：「喔，剛剛那位駕駛，已經付清妳點的所有餐點。」

一時之間，我慚愧得無地自容，這是那位駕駛為那一起差點發生的意外所表達的歉意。（「我差點害死妳，但是妳的滿福堡我請客，所以我們沒事了，對嗎？」）遺憾的是，我沒辦法收回我已經做出，或是我孩子已經看到的那個手勢。

為什麼那位駕駛要為我的餐點買單？當然一定是為了讓剛剛發生的事情感覺好一點 —— 其實就是為魯莽駕駛和差一點和我撞車而道歉。這樣的表示能讓我感覺變好，也會讓他的感覺變好。

這個小故事還點出為什麼幫助別人能讓我們心情更好的重要原因之一，那就是它能幫我們擺脫原本不大好的心情。對別人付出，甚至能夠幫助別人從哀傷中復原，一如本章一開始所描述的。馬克‧吐溫曾經寫道：「要讓自己

開心，最好的方法就是想辦法讓別人開心。」[10]

實證科學研究提出了有力的證據，驗證了馬克・吐溫的直覺。**幫助他人甚至可以撫平我們的罪惡，補償我們做的壞事，回過頭來增加我們的快樂。**

在一項研究裡，研究人員在街上找一名女士幫他用一部看起來非常昂貴的相機拍照。[11]他提到這部相機非常靈敏，她只要對準鏡頭，按下快門就好。然而，當她按下快門時，相機沒有運作。有時，他會用「這部相機老是出狀況」這句話把問題給打發掉；但有時，他會說拍照的女士按鈕按得太用力，以至於快門卡住了，讓對方覺得是自己的錯。接著，在那位女士離開時，有另一位女士打翻了一個裝滿文件的資料夾，紙張在街道上散了一地。

誰會停下來幫她撿拾文件？對於相機失靈沒有罪惡感的人，只有40％伸出援手；相較之下，有罪惡感的人高達80％會伸出援手。這項研究是一個簡單的例證，說明付出有助於我們脫離壞心情。

幫助他人，讓我們更快樂

2007年，我表妹的兒子帕克・布朗（Parker Brown）在7歲時死於白血病。失去一個這麼年幼的孩子，當然是巔覆人生的悲劇事件，但是帕克的母親莎拉，決心要為兒子的早夭做一件善事。於是，她邀請她所有的朋友和親人

登記骨髓捐贈，以記念帕克。

我義不容辭登記了。我的兒子羅伯特和帕克年紀相同，我甚至不敢想像莎拉的經歷是什麼樣的光景。骨髓捐贈的要求，對我是一個極為容易的方式，以展現對莎拉的支持。畢竟，登記只需要用棉花棒沾一下口腔內側就好，我在自家廚房就能完成，然後把採樣寄回去。

在那之後，我幾乎沒有把登記這件事放在心上，一直到2015年秋天，我接到一通電話。電話那頭的人告訴我：「看來，妳可能是配對符合的捐贈者。」一個月後，我在醫院待了一天，進行捐贈程序。

我那天晚上離開醫院時，感覺快樂極了！畢竟，我得到一個可能挽救別人生命的機會。即使我不認識那個人，可能也永遠不會和她見面，但這個經驗是我人生中最有意義的經歷之一。

這個故事說明，對別人付出，不只是幫助別人，也能夠讓自己感覺變好。想想你簽了一張支票給慈善活動、施捨金錢給無家可歸者，或是幫助迷路而需要指引的陌生人時，在所有的情況下，你付出的動機可能是為了做善事或慷慨，也就是為了幫助他人，但是這些付出都能讓我們自己更快樂。

分享的快樂，或許寫在基因裡

從加州的野火到德州的颶風火災，在每場天然災害之後，都有陌生人以某種方式挺身而出，施以援手。有些人捐錢和物資，有些人幫忙搜救生還者、重建社區。這些樂善好施的舉動基於自發，對於行善者沒有明顯可見的利益。

為什麼有這麼多人自願付出時間、金錢和物資，給他們素未謀面的人？這些人住的地方，可能還是在這個國家、甚至是世界的另一頭。或許付出能夠幫助人類存活，因此能通過演化的篩選。具體來說，對他人付出的人通常會得到幫助，因此能夠增加自己（和自己的基因）存活的機會。

與這個觀點一致的是，即使是在還不能真正理解社會重視給予的幼童之間，給予和感覺良好之間的關聯也成立。例如，即使是只有兩歲的幼童，把零食（如金魚餅乾）分給其他孩子吃時，也比把零食留給自己吃還快樂。[12]

給予可能存在於基因的這個觀點，神經科學最近的研究提出了其他驗證。例如，一項研究的研究人員把參與者送進功能性磁振造影機器，以測量腦部活動，他們請受測者想像自己得到金錢，或是把錢捐給慈善機構。[13] 單是想著把錢捐給他人，就能夠觸動大腦裡處理獎賞經驗的區塊；事實上，這個大腦區塊和吃巧克力時所觸動的是同樣

的區塊！（吸食古柯鹼時也是，但這似乎不是一個適當的例子。）對比之下，自己得到金錢所觸動的大腦活動程度較低，顯示對別人付出，確實比給自己東西令人感覺更好。

當人們可以自由選擇捐獻時，這種大腦活動會更強，勝於應要求捐獻時。但是，即使是對慈善組織的強制捐獻，都能夠觸發大腦活動，顯示付出行動本身，就能夠讓人感覺獲得報償。[14]

付出有益身心健康

為什麼對他人付出是個好主意，下列是另一個原因：付出名副其實有益健康。事實上，對他人付出與健康益處之間的關聯，即使在心血管疾病、AIDS等慢性重症患者身上也適用。[15]

有一項研究給高血壓病患120美元，要他們在六週期間把錢花在自己身上，或是花在別人身上。[16]應要求把錢花在他人身上的患者，在追蹤調查時，血壓較低，顯示對別人付出直接有益於一個人的健康。一項為期兩年的長期研究，也顯現類似的發現；事實上，受測者為別人付出的金錢愈多，血壓愈低。因此，告訴別人要樂善好施，可能和規律運動，甚至是服藥一樣有效。

為什麼對他人付出，能夠產生這種正面的健康成效？因為**幫助他人，似乎能夠緩和壓力對我們造成的負面影**

響。[17]下列這個簡單的例子說明，即使是微不足道的利社會付出也具有力量：在某一天處於壓力的人，通常會表示自己心情惡劣，[18]但是從事某種利社會行為的人（從為別人扶門到詢問他人是否需要協助），卻沒有體驗到壓力對心情的負面影響。

一如在第2章描述的，高度壓力有害健康，所以能夠設法因應壓力的人，就能夠降低壓力對健康的負面生理影響。給予他人社會支持的人，血壓較低，催產素濃度較高（這種荷爾蒙能夠增加與他人的親密感），顯示對他人付出，能夠產生與健康直接相關的生理益處。[19]

最重要的是，**對他人付出能夠延長我們的壽命**。雖然我們通常（正確地）假設，接受社會扶持有助於緩和壓力的負面效應，但是對他人伸出援手，也能產生重大的健康益處。事實上，針對年長夫妻的研究發現，幫助朋友、親人或鄰居的人，在未來五年內死亡的風險低於沒有助人的人。[20]另一方面，接受幫助就與低風險之間沒有關聯。

有項研究對加州長者居民抽樣，檢視他們從事志工的比率。[21]接著，研究人員檢視這些人在接下來五年之內的存活率。在兩個以上的組織擔任志工的人，在後續追蹤期間，死亡率比沒有當志工的人低了44％。即使研究人員考量了預測壽命的其他因素，例如年齡、一般健康狀況、抽菸和運動等，志工與非志工的享壽差距仍然存在。

　　在一項有趣的研究裡，研究人員直接檢視援助他人，是否特別有益於那些歷經重大壓力源的人？[22]首先，他們的發現顯示，在過去一年經歷過至少一項壓力事件的年長者（例如嚴重疾病、失業、所愛的人死亡等），在接下來五年內的死亡風險會增加。

　　不過，壓力事件的衝擊因人而異。表示沒有參與助人行為的人，生存率在未來五年低30％。但是，表示助人的人，死亡風險沒有增加。助人確實能延年益壽，這些發現就是有力的證明。

　　這項資料尤其重要，因為我們經常聽聞在壓力時期尋求社會支持的利益，但是不常聽到在壓力時期幫助他人的利益。一如主持這項研究的研究人員所指出的：「我們經常建議風險人口向社會網絡尋求協助。一個較不常見、但或許更值得重視的訊息是，建議他們也要幫助他人。」

不過，動機很重要

　　且讓我在最後提醒一句：動機很重要。**當我們的付出是基於自由選擇，才能夠因為付出而受益**；應要求而對他人付出的人，例如學校規定的志工計畫，無法從助人獲得相同的心情提振效果。

　　有一項研究要大學生在兩週的時間裡寫日誌，寫下他們每天的感受，以及他們是否幫助了他人，或是做了值得

去做的事。[23] 一如他們的預期，學生在從事某種利社會行為的日子裡，心情比較好。

然而，只有在學生是因為自己想做而伸出援手時，助人的利益才會顯現；若是應要求而助人，或是覺得自己不得不這麼做，或是因為顧忌他人會對自己發怒而去做，在這些時候，學生並不會體驗到助人的益處。

類似地，當志工有助於緩和壓力對健康的負面效應，延長壽命，但是只有對那些關心他人、真心想要助人的人才有這樣的效果。[24] 基於對他人真心同情而擔任志工的人，活得比不當志工的人久。[25] 但是，動機若是出於自我關注，例如對自己感覺良好，或是為了逃避自身困難，志工的壽命並沒有比不當志工的人長。

正向轉變的錦囊

> 打個盹，可以快樂一小時。
> 去釣魚，可以快樂一整天。
> 繼承一筆財富，可以快樂一年。
> 幫助別人，可以快樂一輩子。

一如中國諺語的教誨，**付出是找到快樂的最佳方法。**此外，**各種助人方式都能夠讓我們感受更好**，無論是慈善捐助、擔任志工、送朋友禮物、買咖啡請陌生人等。各式

各樣的付出,都能夠帶來更正向、更富同理心的思維,進一步讓你感覺更好。

因此,請找出能讓你感覺最好的付出形式,制定計畫。你可以一週撥出二十美元的額度,決心在當週把這筆錢花在別人身上,可能是給無家可歸的流浪漢,或是請朋友吃午餐,也可以買咖啡請辦公室的同事喝。一個月寫一封信,給對你意義重大的人,或是花幾個小時從事志工活動。

下列是一些具體、簡單的策略,人人都可以運用;透過付出,為生活增添快樂。

隨機行善

我們都聽過陌生人隨機的善行,從星巴克點餐車道長長的車陣裡,有人為排在後面的人付咖啡和餐點的錢,到假日的玩具反斗城有陌生人幫忙付清分期款,這些隨機的善行,在在是付出不求回報的力量觸動人心的證明。

但是,科學研究告訴我們,**無私的給予確實能夠產生具體的利益,不只是對接受者,對付出者本身也是如此。**實際上,連續十天隨機行善的人,快樂感會大幅增加。[26]

因此,你可以在日常生活中,找一些對他人小小行善的方法,下列是一些簡單的好例子:

- 給同事、鄰居或朋友帶咖啡。

- 讚美陌生人。
- 給優渥的小費。
- 禮讓換車道的車子切入你前方。
- 捐血。
- 登記成為骨髓捐贈者（你或許會因此救人一命）。
- 隨身帶著備有輕糧的愛心包，施捨給無家可歸的人。

　　隨機善行對於身處艱困時期的人特別有意義。我母親過世之後，我才體認到母親節和父親節對於失親的人是多麼難過的日子，於是我發了一封電子郵件，給所有經歷過失親的朋友，告訴他們，在這一天，我心繫於他們。我們家每年都會買節慶禮物送給寄養孩童，讓他們在這一天好過一點。**你可以找到適合你自身生活的方式，隨機行善；這些小小的表示，很多都能夠產生大大的效果。**

以具體方式捐獻

　　付出有很多形式，我們可以捐款給大型慈善機構，如ASPCA或山巒協會（Sierra Club）；我們可以奉獻時間，在愛心廚房擔任志工，或是擔任大哥哥、大姐姐輔導志工；我們也可以透過美國紅十字會捐血。雖然所有這些付出方式都有正面效應，不同的付出方式能帶給我們的快樂卻有多有少，因人而異。

最佳的付出形式，是讓個人覺得有意義的方式。對某些人來說，可能是為環境理念捐獻，對另一些人來說，可能是捐助動物援助組織、政治行動委員會，或是在地的愛心廚房。

捐獻有具體可見的影響力時，較能夠提升快樂感。例如，「把網撒出去」（Spread the Net，一個送防瘧疾蚊帳到下撒哈拉非洲地區的組織）的捐助者，所感受到的快樂提升幅度，比捐獻給聯合國兒童基金會（UNICEF）的人更強。[27]為什麼？UNICEF捐款以不同的方式在全世界幫助兒童，這顯然是有價值的組織，為孩童造福至深，但是捐款人難以確切看到他們奉獻的真實重要性。相較之下，「把網撒出去」告訴捐助人，每10美元的捐款，就能送一頂防瘧疾蚊帳給一個家庭，而一頂蚊帳能夠保護五個孩童五年。因此，這是一筆影響力清楚、有力而具體的小額捐款。

利社會的付出整體而言能夠創造好感覺，但是在我們理解並認同我們的付出在真實世界的價值時，給人的感覺最好。

寫一封感謝信

本章把焦點放在各種付出形式，例如金錢、時間、捐贈骨髓等。但是，**向別人致謝，也是讓我們自己更快樂的有力方式。**

　　由賓州大學馬汀‧塞利格曼博士所發展出來的感謝信策略，請人們思考，哪個人是改善他們生活的重要人物？[28]你或許想到了某位老師、人生中第一個主管，或是某個鄰居，不管對方是誰，不管對方以什麼樣的方式塑造了你的人生，都無所謂，重要的是認識這個人讓你覺得感恩。

　　在你想到這樣的一個人之後，你要寫一封感謝信給這個人，具體描述對方為你做了什麼，如何影響你的人生。

　　接下來，或許是最重要的部分，拜訪對方，把信大聲讀出來。你或許能夠想像，從這項經驗而來的快樂感覺有多麼深刻，對讀信和聽信的人都是如此。

　　當我回想我最感謝、影響了我的人生的人，我想到的是我七年級和八年級的英文老師尤金‧道格提（Eugene Dougherty）。道格提老師曾在二戰中服役，在琉磺島戰役失去了右臂。他戴著看起來很嚇人的銀鉤在教室裡走來走去（那是在1980年代初期，義肢的外觀還不像現在這樣），它看起來就像是虎克船長的鉤子。道格提老師會用鉤子上的粉筆在黑板上寫字，他經常在上課時抽菸（還是那句話，時代不一樣！），菸就嵌在鉤子上。因此，整體來說，他看起來相當令人害怕。

　　但是，我在他的課裡寫的每一篇報告，發回來時都有許許多多的批注，例如「多寫一點」、「說明一下」、「細節用得不錯」、「這裡多談一些」等。後來，我繼續就讀

史丹佛和普林斯頓，但我是從格道提老師那裡學到如何寫作。從我的寫作得到的反饋，我第一次了解到修改做為寫作提升技巧的價值，格道提老師的指導清楚勾勒、改變了我的職涯：我現在靠寫作維生 —— 文章、章節、書。

遺憾的是，我太晚才知道感謝信的價值，只能在得知道格提老師已經過世後，寫感謝信給師母。

下列是快樂導入策略一項真正重要的課題：不要把給一個人的好話留到悼念辭，這實在太常演變成我們表達某個人對我們的意義的唯一機會。

第 12 章

建立關係：你只需要愛

1974年某個深夜，21歲的蘿拉‧卡斯登生（Laura Carstensen）從音樂會搭車回家，司機酒駕，車子翻覆後滾落堤防。她的頭部受到重傷、多處骨折、內出血，在醫院休養了好幾個月。

她躺在病床上時，體認到自己離死亡有多麼近，她意識到她原本以為對她重要的事，例如人生要怎麼過、她是否會出人頭地等，突然之間都無關緊要了。她如此描述：「重要的是在我生命裡的其他人。」[1]

這項體認後來開啟了她的人生志業。從意外事故中復原之後，她開始修大學課程，然後攻讀心理學研究所。今日，她是史丹佛大學的心理學教授，你將在本章後文中讀到，卡斯登生教授的研究檢視人相信自己還有多少時間可

活,如何影響我們的時間分配方式。

當人們相信時間就要流逝殆盡時,會把什麼排在優先順位呢?人際關係。本書從頭到尾都在講述能夠增加快樂的因素,花錢買經驗、饋贈禮物、運動等因素,雖然確實能夠讓我們更快樂,但是**生活滿意度的單一預測指標就是人際關係的品質。**一如哈佛大學教授丹尼爾·吉伯特(Daniel Gilbert)所描述的:「我們有家人就快樂,我們有朋友就快樂,我們認為能讓我們快樂的其他事物,幾乎其實都只是增添家人和朋友的管道。」[2]

最早驗證緊密人際關係重要性的研究裡,有一項檢視男性從青少年到人生終了的幸福預測因素。[3]研究的發現清楚指出:**快樂唯一真實而恆常的指標就是人際關係。**一如這項研究的主持人喬治·華倫特(George Valliant)所寫的,快樂有兩大支柱:「一個是愛。另一個是找到面對人生而不把愛推出門外的方式。」後續的研究,也一再驗證了這項發現。

在本章,我會敘述為什麼投入時間和心力建立、維持緊密的人際關係是活得長久、活得快樂的最佳不二法門。擁有良好的人際關係,本身不會讓我們快樂;不管是什麼原因,人際關係良好的人還是可能覺得不快樂。但是,**如果我們缺乏良好的人際關係,不管我們擁有其他任何事物,都不會感到快樂。**

有意義的對話，無價

我有個好朋友，我們不常見面，但每隔幾個月就會一起共進午餐。我們每一次相聚，對話都親密而深刻 —— 夫妻分居、孩子的課業困難、癌症診斷等。每一次聚首，即使只有一、兩個小時，我都感覺我們彼此投契相通，而且非常快樂。由於與他人有緊密的情誼，我們才能有這種深度、真實對話的機會，分享真正重要的事物；這些互動，是快樂的有力指標。

有研究人員檢視79名大學生年齡的男生和女生在四天期間裡的對話模式。[4]研究參與者在口袋或包包裡放著不顯眼的錄音裝置，研究人員每12分半錄音30秒，累積參與者超過兩萬段的日常生活錄音。

研究人員接下來聽取錄音，為每個參與者的對話編碼。他們也衡量每段對話是實質對話（「她愛上你爸爸？那，他們之後很快就離婚了嗎？」），或是閒聊（「你那是什麼？爆米花嗎？」）。每個參與者都接受快樂程度的評量。

這些發現揭露了人際互動在量與質上的重大差異。首先，相較於最不快樂的人，最快樂的人獨處的時間大約少25％，與他人談話的時間高出70％。此外，最快樂的參與者的實質對話是兩倍，閒聊大約是三分之一。因此，快樂的人確實花較多時間和他人談話，但這些時間不是只用

來閒扯淡。相反地，他們花較多時間進行有意義的實質對話，而這正是我們所知有助於建立穩健關係的互動。

最快樂的人通常投入更多有意義的對話，以今日這個重度仰賴科技做為溝通形式的世界，這項發現尤其重要。許多人只用簡訊和推特精簡「溝通」。你曾與某個人談話，對方同時傳送簡訊或查看電子郵件嗎？這種對話不屬於有意義的對話，本章後文將會闡述，光是對話現場出現手機，就會減損對話品質。

有意義的對話，為什麼讓人感覺這麼好？它們是一種社會肯定，而當我們相信自己獲得別人的喜愛和尊重，感覺就會好。[5]一如第6章所述，許多平常的互動感覺起來較不真誠，因為我們通常會表現理想中的自己，只分享生活裡的正面事物。但是，與親近的人互動，他們認同我們、讓我們能夠表現真我，感覺特別好。

雖然研究提出有力的佐證，支持有意義對話的價值，但是即使是與陌生人短暫的個人互動，也能夠增加正向感受。類似地，表示自己與他人的互動較為隨意的人（例如在商店和店員打招呼），與同事或鄰居閒聊的人，在任何一天的歸屬感與快樂都比較強。[6]

在一項研究裡，研究人員用價值5美元的星巴克卡「賄賂」公共運輸系統乘客，要他們與陌生人攀談。[7]這些巴士和列車的乘客一開始相當猶豫，部分是因為他們認為

陌生人不會樂於接受他們主動搭訕。但是，**大部分的人其實都很樂意和陌生人閒聊一下**。此外，與陌生人閒聊一陣之後的人，比獨自坐著的人更快樂。

顯然，**任何類型的人際交流，包括與陌生人的偶然接觸，都能夠產生與人的聯繫，增加正向感受**。增加自身與他人快樂的一個簡單方法，就是尋求這樣的互動。因此，不管是對陌生人微笑、在排隊時閒聊一下，或是與鄰居和同事彼此打聲招呼等，請把這些當作一回事去做，因為即使是這些短暫的互動片刻，都能夠讓我們和對方的感覺更好。

分享的感覺，真好！

人際關係能讓我們分享我們的正向生活體驗，好事情會因此感覺好上加好。我們聯絡我們關心的人，以及關心我們的人，分享工作錄取、收到大學入學許可、訂婚與新生兒等消息，這樣的分享讓我們更快樂。

為了檢驗分享與快樂之間的關聯，研究人員首先請參與者報告自己與他人分享正向體驗的整體傾向。[8]有些人表示自己一般有分享這種體驗的傾向，描述自己是：「遇到好事情時，會告訴別人的那種人。」有些人表示自己比較沒有分享的傾向：「感覺好時，我通常比較低調，不是很常表露。」

接下來，這項研究所有的參與者都要做四個月的日

誌，日誌內容包括心情和生活滿意度的紀錄，這樣研究人員就可以看到這些評量隨著時間的變化。結果，與他人分享好事物的傾向較強的人，正向情緒與整體生活滿意度也會隨著時間增加。

人際關係是我們分享體驗的管道，與我們關心的人一起做些什麼事，能讓我們比獨自經歷更快樂。因此，獨自坐在電影院或自家客廳裡看一部精采的電影，可能讓你覺得樂在其中。但是，同樣的一部電影，如果和朋友一起觀賞，或許能夠讓你更快樂。一如作家夏綠蒂·伯朗特（Charlotte Brontë）所寫的：「沒有分享的快樂，幾乎稱不上快樂；這樣的快樂無滋無味。」[9]

有一項研究，研究人員請參與者從事一項非常有樂趣的活動——品嚐並評鑑巧克力，簡單地證明了分享經驗的影響。[10]在這項研究裡，有半數的參與者獨自完成這項活動。另一半的參與者也品鑑巧克力，不過是和另外一個陌生人一起完成。有品鑑伙伴的參與者，彼此不必就評等達成共識，兩人都在同一時間品嚐不同類型的巧克力，各自完成巧克力的評鑑，包含濃郁度如何、味道如何、喜歡的程度等。即使是這麼簡單到極點的設計，有機會和伙伴分享品鑑巧克力體驗的人，都比單獨品鑑的人更喜歡巧克力。

不過，到目前為止，前述這些研究還是隱含著一個問題：它們不見得能夠確定，究竟是分享本身有助於改善心

情，或者心情的改善只是因為想到正向事物（即使不分享這些事物）。為了檢驗這個重要問題，另一項研究的研究人員，請參與者在幾週期間內寫日誌，每晚記下他們的想法，記錄「他們覺得感恩的事物」。[11]其中一半的人只要保持記錄日誌；另一半的人不但要記錄，還要與朋友分享這些體驗，至少一週兩次。

他們的研究有力地證明，分享確實會讓我們感覺更好：與朋友分享自己感恩事物的人更快樂，生活滿意度也更高，勝過那些只記錄而不分享的人。

愈老愈快樂

關於高品質人際關係重要性的這些發現，有助於解釋一些關於快樂在人生各階段變化的有趣研究。多年來，大家都認為，人愈老愈不快樂；畢竟，人愈年長，歷經的失落也愈多，例如所愛的人死亡、個人困境等。但是，研究一再證明這個想法是錯的，一如第7章所述。

相反地，**快樂隨著人生階段呈現U型曲線分布；也就是說，快樂程度在青少年和青年時期最高，在中年降低，接著在六十、七十和八十幾歲時再度攀升。**[12]

這項數據或多或少不是那麼令人意外，畢竟大部分的人在大學時期和年輕歲月，都過著相當輕鬆、自在的生活，有什麼好不快樂的呢？**人到了中年，快樂變得最是難**

得，這點也沒什麼好意外的，因為這段時期正與我們所描述的「中年危機」相呼應。中年時期的艱苦何在？我在寫作本書時剛滿49歲，清楚感受到出現在這個人生階段的一些快樂殺手。許多人到了這個年紀，要與可能是最難纏

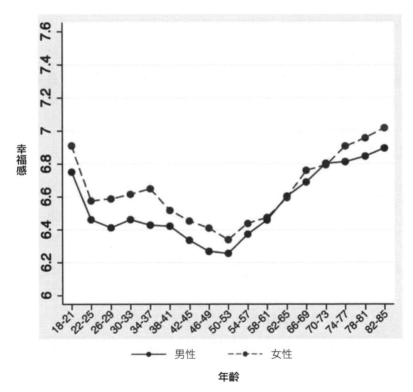

圖表12.1 男性（實線）與女性（虛線）的幸福感都呈現U型曲線，在50歲以後，幸福感增加。

Stone, A. A., Schwartz, J. E., Broderick, J. E., & Deaton, A. (2010). A snapshot of the age distribution of psychological well-being in the United States. *Proceedings of the National Academy of Sciences of the United States of America, 107*(22), 9985–9990.

的子女養育階段奮戰 —— 青少年時期。就像許多身處於這個人生階段的人，外子和我都在摸索這個陰鬱不定的青少年階段，它的組合看起來大半是要錢、要車子，加上支付大學學費的財務壓力（不是什麼好組合）。

中年的其他層面，也讓這個階段更難快樂得起來。許多人到了這個年紀，要因應來自父母的困境，如阿茲海默症和身體健康問題。這些年通常也是工作壓力最緊繃的時候，四、五十幾歲的人，可能站在職涯的巔峰，坐上合夥人的位子，或是拿到終身職，但工作時數也變長。

不過，一個真正的好消息（或許也是意外消息）是，中年隧道還是有出口，隧道盡頭有光。走過中年低潮，快樂會跟著人生的開展而穩定增加。也就是說，熬過困難的四、五十幾歲階段的人，可以期盼自己進入六十、七十、八十，甚至九十歲歲時，會變得愈來愈快樂。事實上，七十幾和八十幾歲的人，比他們在青少年時期更快樂！

U型曲線特別值得注意的一點就是，它所描繪的年齡和快樂之間的關聯，跨越了文化的界限，在研究目前涵蓋的72個國家都有同樣的現象。不過，快樂程度最低的具體年齡會因文化而異，高到62歲（烏克蘭），低至35歲（瑞士）都有。但是，曲線整體的形狀，在各國間相當一致。研究裡大部分的國家，不快樂的高峰是四十幾歲和五十幾歲（平均為46歲）。

如何解釋年齡與快樂之間的關聯？

在年長時期，快樂會隨著年齡增長，這要如何解釋？為了檢驗這個問題，本章一開始時提到的心理學教授、史丹佛長壽中心主任卡斯登生，檢視了社交關係的數量和品質，如何隨著人生各階段而變化。她的研究顯示，這些關係會隨著年齡而有重大差異。

年輕人往往會有很多泛泛之友或點頭之交，他們注重拓展人脈，認識新的人，因此社交圈通常很大。一如卡斯登生教授所述：「年輕人會參加派對，是因為他們可能會認識在未來對他們有幫助的人，雖然在我認識的人當中，沒有任何一個真正喜歡參加派對。」[13]

對比之下，年長者知道什麼才是真正重要的。一直到大約50歲，人都會不斷地拓展人脈網絡，增加認識的人。但是，過了50歲，卻顯現相反的模式：他們會減少偶然、較不緊密的人際關係，把時間和心力貫注於他們真心重視的人際關係上。[14]換句話說，他們會放掉表面的關係，優先耕耘更深入、更親近，但也為數更少的人際關係。**花時間與我們覺得心靈投契、聲氣相通的人相處，這樣的選擇是快樂增強的有力指標。**

《史努比》（*Peanuts*）漫畫有一句圖說，完美詮釋了這項發現：「隨著年歲增長，我們才發現，相交滿天下，

不如知己兩三人。」

　　下列是我們的偏好如何隨著年齡變化的例子：卡斯登生和她的同事進行了一項研究，請參與者評估自己對於花30分鐘與下列各人見面的興致有多高？[15]

- 他們剛讀過的一本書的作者；
- 一個他們覺得有發展友誼潛能的點頭之交；或是
- 家人或摯友。

　　研究人員發現，年輕人的偏好在這三個選擇裡相當分歧，但年長者一致偏好與家人或摯友共度。

　　從這項發現衍生出一個非常重要的問題，那就是年長者為什麼選擇以這種方式建構他們的人際關係，特別是人是否只會隨著年齡增長才學到如何分配時間？換句話說，你是否必須年過六十或七十，才能體認到人際關係的質勝於量的重要性？

　　為了測試這個問題，研究人員針對一個獨特樣本進行研究：在1990年代早期居住在舊金山、年過四十和五十的HIV陽性男性同性戀者。[16]在1990年代，檢驗出HIV陽性確實有如宣判死刑，當時還沒有找到可以應付這項疾病的方法，因此這些男性面臨了幾乎確定是縮短的預期壽命。研究人員檢視這些男性在知道自己的人生有限時，如

何建構他們的生活和人際關係。

這些男性遠比過去研究中七十幾、八十幾歲的人年輕很多，但他們卻以一模一樣的方式建構人際關係。他們不再把時間花在不親近的人身上，而是把時間投注於高品質的人際關係。換句話說，當時間快要用盡時，無論是因為年齡增長，或是疾病末期，人都會有意識地選擇如何分配剩餘時間，以追求快樂極大化的方式花用時間。

這些發現說明，我們不必等到七老八十，才選擇如何把時間花在親近的人際關係上。**我們可以在任何年齡做出選擇，花更多時間和在這個世界上對我們最重要的人共度，讓自己更快樂。**

出外靠朋友

擁有高品質的人際關係，不只能夠讓我們更快樂，也能夠讓我們更健康。社交關係多的人，在一生的各個階段，身體比較健康（包括血壓、BMI較低），免疫系統較為強健。[17]他們的行為較健康、術後恢復較快，比較不會有慢性病，例如心血管疾病。[18]

最重要的是，**社交關係穩健的人，預期壽命也較長。**[19]最早指出人際關係影響健康的研究裡，有一項檢視了1965年住在加州阿拉美達郡將近7千名男女居民的社交關係。[20]整體來說，與家人、朋友或社群團體缺乏社交關係的人，

相較於有人際往來的人，在研究後續的七年追蹤期內死亡的可能性是兩、三倍。更晚近之時，有一項針對70歲以上的人所做的研究，比較了不同種類的社交關係（朋友、子女、配偶與子女以外的家人），在十年期間對生存率的影響。[21] 朋友網絡穩固的人，尤其是有自己感覺親近、時常聯絡的朋友，在後續的追蹤期裡，死亡的機率比朋友寥寥無幾的人低22%。

　　人在面臨嚴重的健康問題，甚至面臨生命威脅的處境時，優質的人際關係特別重要。例如，一項針對女性乳癌病患的研究發現，相較於有10個以上朋友的人，沒有親近友人的患者，死於乳癌的可能性是四倍。[22] 緊密的人際關係，也能夠增加曾經心臟病發者的預期壽命。[23] 例如，缺乏親近關係的冠心症患者，比起有親近關係的患者，死於冠心症的機率超過兩倍。[24]

　　親近關係為什麼對健康有如此強烈的影響？我們的人際關係，能夠幫助我們應付日常生活中大大小小的壓力源，進而減少這類壓力事件所造成的負面生理影響。[25] 無論是經歷天然災難後復原、借一杯糖，還是搭便車去機場，良好的支援關係網絡，都對我們有實質的幫助。

　　緊密的人際關係，也會強烈影響我們對於壓力處境的生理反應。例如，在預期有壓力的經歷到來時，單是握住另一半的手，就能夠安撫大腦，作用與止痛鎮靜劑相同。[26] 關

於親近關係對人體壓力生理反應的正面效應，這些研究發現有助於解釋為什麼經常擁抱的人（擁抱是人際支持的具體表現），比較不會受到感染，嚴重疾症的症狀也較少。[27]

另一方面，長年孤寂會導致壓力荷爾蒙皮質醇的增加，造成血壓升高，擾斷免疫系統。[28] 這些發現有助於解釋，為什麼缺乏穩健人際關係的人，比較會出現心臟病、中風，預期壽命也較短。[29] 一如前美國衛生總署署長維維克‧穆吉（Vivek Murthy）指出的：「孤寂和微弱的社交關係與壽命縮減有關，縮減幅度類似一天抽15根菸所產生的效果，甚至高於肥胖症的影響。」[30]

人際關係並非一律平等

但是，並不是任何親近的人際關係，都能夠讓我們感覺變好；**只有高品質的關係，能夠增進快樂、改善健康、延長壽命。**

事實上，婚姻不快樂的人，比起對關係滿意或單身的人，更可能憂鬱症發作。[31] 婚姻滿意度最低的人，憂鬱症的發作比率是關係滿意者的兩倍以上。以實際數字來說，這表示關係品質最低落的成人，每7個就有1個會有憂鬱症；相較之下，關係品質最高的人，是每15個人中有一個。

惡劣的關係，不只傷害我們的心理健康，對於配偶感覺含糊不定的已婚人士（意即他們在日常中對於伴侶的感

受正負互見），身體健康也會惡化，包括高血壓。[32] 類似地，雖然一般而言，已婚者的健康優於未婚者，但婚姻品質也很重要；接受心臟手術的病患，如果婚姻滿意度高，比起滿意度低的人，15 年後的存活率是三倍。[33]

猶他大學心理學教授茱麗安娜・荷特倫斯塔（Julianne Holt-Lunstad）說：「結婚本身並沒有幫助，因為不快樂的婚姻，可能會對你造成損害。」[34] 這些發現指出善擇關係的對象，以及努力改善關係品質的重要。

正向轉變的錦囊

親近的關係在改善我們的人生品質、延長壽命上扮演了重要的角色，但美國勞工統計局 2017 年一項調查發現，一般美國人一天平均只花 39 分鐘與他人社交，包括和朋友聊天、參加派對等。[35] 對比之下，大家大約花 2.7 個小時看電視，顯然大部分的人都沒有把與我們關心的人共度優質時間放在優先地位，這是個壞消息。

不過，好消息是：一旦我們體認到人際關係所蘊藏的根本益處，我們都能夠做出選擇，把時間和心力奉獻於經營這些人際關係。如果你對於目前的社交圈不滿意，你可以設法去認識新的人，例如擔任志工、上課、加入讀書會或宗教組織、邀請同事或一般朋友共進午餐。請務必把時間、精神和心力用於維持、深化目前的緊密關係。要培養

穩固、持久的關係，下列是你可以嘗試的一些策略。

把手機收起來

　　親近的關係能夠增進快樂，部分是因為這些關係讓我們有機會進行實質、有意義的對話。但是，唯有把手機收起來，我們才能夠擁有這種高品質的互動。畢竟，與另一半或朋友共處時，各自滑手機，根本不算是什麼優質時間。

　　有一項非常精妙的研究，研究人員請大學生與一個陌生人進行10分鐘的「相互了解」對話。[36] 一半學生在對話時，直接視線之外的桌上，擺著一支不起眼的手機。手機已經關機，所以在對話中不會響起或震動。另一半的學生在對話時，視線範圍沒有手機出現。在對話結束後，研究人員請兩組學生評估他們自覺與對話伙伴的親近程度，以及他們是否認為能與對方成為朋友。

　　這項研究的發現清楚 —— 而令人洩氣。對話時有手機在場的學生，覺得與他們的對話伙伴較不親近，覺得與對方比較不可能成為朋友。記住，在這項研究裡，那支手機甚至不屬於兩人中的任何一人，在對話中也沒有響起或震動，但是光是手機出現在那裡，就能導致互動品質降低。

　　不過，前述研究是在研究實驗室裡進行，相當人工。這表示，我們不確定實驗結果是否真的能告訴我們，在更自然的環境裡，手機的出現會影響人的對話。

為了檢視這個重要的問題，另一項研究的研究人員在華盛頓特區，請學生在咖啡館進行十分鐘的對話。[37]（其中部分學生是陌生人，有些是朋友。）一名研究人員坐在附近，記錄任何一方是否曾在對話中的任何時候，把行動裝置放在桌上，或是拿在手上。

兩個人結束對話後，研究人員請雙方分別就對話品質評分，例如自己是否真的信任他們的對話伙伴，覺得伙伴努力理解自己的想法與感受等。

還是一樣，資料有力地證明，手機的出現無益於關係；對話進行時，若其中一人把手機放在桌上或拿在手中，評等顯示滿足感較低。此外，在已經是朋友的人之間，使用手機的負面效應甚至更強。

於是，我們在這裡又找到一項簡單卻有效的策略：**在與朋友、家人和戀人相處時，把手機收起來，完全專注於當下的對話。**要得到能夠強化親近關係的那些有意義的對話，這是最好的方法。

養寵物（狗兒最為理想）

前述都是緊密關係對快樂的益處，但這些關係其實不必局限於人與人之間的關係。事實上，有力的證據顯示，**養寵物也可以增進身心健康。**比較養寵物者與無寵物者的研究顯示，有寵物的人感覺比較不寂寞。他們的自尊和外

向性較高，這兩者都與快樂有正向關聯。

一項最近的研究甚至發現，狗主人的壽命較長。[38] 事實上，狗主人在這項研究的12年期間裡，死亡風險低20％，死於心血管疾病的風險低23％。

寵物主人為什麼能夠享有這些益處？**許多人表示，寵物在他們的人生中扮演了珍貴的角色，讓他們提升自尊、產生歸屬感和意義感，這些信念反過來增進身心健康。**

寵物或許也有助於緩和高壓生活體驗的負面效應，例如面對長期或末期疾病之時。[39] 在高壓情況下，有寵物能夠緩解人體的自然生理反應，降低血壓和心跳速率。

雖然寵物主人一般而言都較為快樂，狗或許在提供可貴的情感支持上特別有益。狗獨具一種與人類建立關係的能力（因此，你感覺與你的狗狗之間心有靈犀，這種感覺並不是你自己一廂情願的想法。）事實上，狗可以分辨人類表情所表達的各種情緒，而且對人的聲音特別敏感。[40]

或許最重要的是，狗有一種絕對無條件的愛，有助於減少孤寂感；牠們總是開心地奔向我們，沒有例外。有個關於狗兒與配偶的差異的冷笑話，正好道盡這種無條件的愛：假設你有一天下班回家，把你的狗和你的另一半塞進後車廂，開到外面兜轉一個小時，等你再次打開後車廂時，誰看到你還是一樣開心？

花費時間、精神和心力經營重要關係

我在寫作本書時，外子和我才剛慶祝結婚25週年紀念。他是一個很棒的男人，他支持我，他相信我，他愛我。但是，我們的婚姻並不完美，而且說實話，也不容易。我們在兩份職涯和三個孩子之間奮力掙扎，我們要收碗、摺衣服，要確定孩子寫完功課、練了鋼琴，甚至洗好澡。

但是，這就是親密關係的現實狀況。**親密關係是快樂最重要的單一指標，但是良好的關係不是魔杖一揮就會出現；相反地，良好的關係有掙扎、有衝突，也有妥協。**

我最喜歡的一段話，道出關係的價值，也點出經營關係要下的功夫，這句話出自托爾斯泰《安娜‧卡列尼娜》（*Anna Karenina*）的人物列文（Levin）：

> 但是，進入家庭生活之後的每一步，他所看到的風景，截然不同於他過去的想像。他每一步的體驗，就像一個人讚嘆湖面一艘快意暢行的小船，在親自登船之後的感受。他這時才明白，在小船裡不是安靜閒坐，就能夠在水面上平順地滑行；在小船裡的人必須思考，一刻不能忘記自己要飄蕩何方；水在下，你必須划船；不慣划船的雙手會酸痛；這件事只有遠觀時才會覺得輕鬆、簡

單；這件事儘管非常愉悅，卻也非常困難。[41]

一是隔著一段距離觀賞別人美好的關係（輕鬆、簡單，不費吹灰之力），一是要擁有美好的關係所涉及的現實情況（時間、精神、心力，衝突與妥協），而這段話完美描繪了兩者之間的差別。

2013年，我有姻親長輩慶祝金婚，在今天這個時代，結婚五十週年實屬一種成就。我送給他們的賀禮是一塊小小的牌匾，上面寫著：「婚姻的第一個五十年是最難的。」就像所有的關係，婚姻確實困難。但是，**擁有高品質的關係，無論是配偶、戀人、家人和朋友，是通往快樂、健康、長壽人生的最佳路徑。**

快樂與健康的提升，掌握在自己手中

人多半會忍不住認為，快樂是命運或幸運的造化。我們有對的基因嗎？我們天生健康嗎？我們中了樂透嗎？

我希望你在閱讀這本書之後能夠明白，快樂與健康的提升，就在我們自己的掌握之中。有些人可能在起步時占有優勢，但是不管你的基因或生活環境如何，要改善生活品質、延展生命長度，都有可以著力之處。我也希望，如果你已經讀到這裡，你現在已經有動力投入時間、精神和心力，追求對你有用的特定策略，找到你應得的快樂。只要記住，**實現快樂的策略，幾乎沒有一體適用的萬靈丹。**

心理學有一個量表名為「感官刺激尋求量表」（Sensation Seeking Scale），基本上是在衡量人們喜歡或不喜歡高度生理刺激的感受，例如快速的心跳、緊繃的肌

肉和急促的呼吸等。[1]這些感官刺激,有些人喜歡,有些人不喜歡。[2](這項量表並不像IQ量表那樣,數字高是好事,每個人最喜歡的感官刺激類型因人而異。)

下列舉幾個例子,讓你可以推測自己屬於哪一類。下列三則敘述各有兩個選擇,請從中選擇一項最符合你的描述:

- 有些人希望玩高空跳傘;有些人則希望永遠不要玩高空跳傘。
- 有些人縱身一躍就進入泳池;有些人則是慢慢地浸入泳池 —— 先從腳趾、腳踝,然後是膝蓋,再到大腿。
- 有些人喜歡野外露營的刺激和冒險;有些人喜歡豪華旅館的溫暖和舒適。

你或許分辨得出來,這三則陳述裡的第一個選擇是高刺激尋求者,第二個選擇是低刺激尋求者。(我絕對屬於低刺激組;一如我對外子說的:「你的『露營妻』是你的第二個老婆。」)

這份量表的分數透露的訊息是:人不同,快樂之道也不同。對於某些人來說,快樂之道可能是轉變他們的世界觀 —— 對老齡建立更正向的預期;重新建構日常生活的輕微(和重大)壓力源的參考框架;了解到別人在社群媒體

上呈現的美麗景像，無法反映他們日常生活的真實樣貌。

　　對於另一些人來說，快樂之道可能是改變他們的行為 —— 開始堅持運動計畫；選擇花錢買體驗，而不是買東西；花更多時間與親近的朋友相處。

　　因此，請從我描述的那些改變心智模式的策略，找出對你而言最有效的，然後採行 —— 其他的都不用管！

　　下列或許是最重要的一點，請選擇讓你自己更快樂的行動，這樣也會讓你身邊的人更快樂。一如你在第5章學到的，快樂具有感染力，如果你採取行動，讓自己更快樂，你的新好心情，也會感染給身邊的人，讓他們更快樂。

　　我們都有過對陌生人微笑、看到對方也報以微笑的經驗。快樂的作用與此完全相同；快樂的人有助於他人用更正向的眼光看待世界，對日常生活的小壓力處之泰然，並且停下腳步、聞聞玫瑰花香。快樂的人所採取的這些行動，能夠傳給他人，再往外傳出去。英國神學家佛列德里克・威廉・費伯（Frederick William Faber）曾說：「出於仁慈的善行，能夠往四面八方生根，這些根會抽出芽莖，長成新樹。」[2]

　　請採納你從這本書學到的方法，盡你所能努力實踐，活出更快樂、更健康的人生……並且把快樂傳染給你身邊的人。

謝辭

首先，我要感謝 BenBella Books 的發行人 Glenn Yeffeth 人膽出版這本書。從我們在 2017 年 7 月初次聯繫，我就相信 BenBella 是出版我的書的完美選擇，我覺得很幸運能與這家出版社合作。我也要深深感謝在 BenBella 的許多人，他們幫我實現這項寫作計畫，這些人包括：Adrienne Lang、Jennifer Canzoneri、Sarah Avinger、Susan Weltc、Alicia Kania 與 Jessika Rieck。我尤其感謝我的編輯 Vy Tran 為本書投入許多心力，從架構、表達的清晰和語句，提升這本書的幾乎所有層面。

本書能夠成真，一路走來，許多人都在某個階段有所貢獻。謝謝 Steven Schragis（他鼓勵我做一場關於快樂的演講）、我哥哥 Matt Sanderson（他是第一個告訴我，我

應該寫這本書的人），和 Isabel Margolin（她閱讀每一版的書稿，催促我不斷前進。）PJ Dempsey 閱讀我的出書提案和樣章，助我良多，為了促使我跳脫學術風格，他還給了我一個不尋常但有效的建議 ── 在寫作前喝杯酒。

最後，我要感謝外子巴特，他不斷告訴我，沒錯，這真的是一本書；我也要謝謝我的孩子 ── 安德魯、羅伯特和卡洛琳，不時給我一些寫作的平和與寧靜。

注釋

前言　看見烏雲背後的閃閃銀光

1　Kross, E., Verduyn, P., Demiralp, E., Park, J., Lee, D. S., Lin, N., . . . Ybarra, O. (2013). Facebook use predicts declines in subjective well-being in young adults. *PLOS One, 8*(8), e69841.

2　Faasse, K., Martin, L. R., Grey, A., Gamble, G., & Petrie, K. J. (2016). Impact of brand or generic labeling on medication effectiveness and side effects. *Health Psychology, 35*(2), 187–190.

3　Przybylski, A. K., & Weinstein, N. (2012). Can you connect with me now? How the presence of mobile communication technology influences face- to-face conversation quality. *Journal of Social and Personal Relationships, 30*(3), 237–246.

4　Ulrich, R. S. (1984). View through a window may influence recovery from surgery. *Science, 224*(4647), 420–421.

5　Levy, B. R., Slade, M. D., Kunkel, S. R., & Kasl, S. V. (2002). Longevity increased by positive self-perceptions of aging. *Journal of Personality and Social Psychology, 83*(2), 261–270.

第1章　心智模式的重要性

1　Plassmann, H., O'Doherty, J., Shiv, B., & Rangel, A. (2008). Marketing actions can modulate neural representations of experienced pleasantness. *Proceedings of the National Academy of Sciences of the United States of America, 105*(3), 1050–1054.

2　Estill, A., Mock, S. E., Schryer, E., & Eibach, R. P. (2018). The effects of subjective age and aging attitudes on mid- to late-life sexuality. *Journal of Sex Research, 55*(2), 146–151.

3　Damisch, L., Stoberock, B., & Mussweiler, T. (2010). Keep your fingers crossed!: How superstition improves performance. *Psychological Science, 21*(7), 1014–1020.

4　Steele, C. M., & Aronson, J. (1995). Stereotype threat and the intellectual test performance of African Americans. *Journal of Personality and Social Psychology, 69*(5), 797–811.

5　Steele, C. M. (2010). *Issues of our time. Whistling Vivaldi: How stereotypes affect us and what we can do*. New York: W. W. Norton.

6　Sherman, A. M., & Zurbriggen, E. L. (2014). "Boys can be anything": Effect of Barbie play on girls' career cognitions. *Sex Roles, 70*, 195–208.

7　Cheryan, S., Plaut, V. C., Davies, P. G., & Steele, C. M. (2009). Ambient belonging: How stereotypical cues impact gender participation in computer science. *Journal of*

Personality and Social Psychology, 97(6), 1045–1060.

8 Bargh, J. A., Chen, M., & Burrows, L. (1996). Automaticity of social behavior: Direct effects of trait construct and stereotype activation on action. *Journal of Personality and Social Psychology, 71*(2), 230–244.

9 Dweck, C. S. (2008) *Mindset: The new psychology of success.* New York: Ballantine Books.

10 Krakovsky, M. (2007, March/April). The effort effect. *Stanford Magazine.* Retrieved from https://alumni.stanford.edu/get/page/magazine/ article/?article_id=32124.

11 Blackwell, L. S., Trzesniewski, K. H., & Dweck, C. S. (2007). Implicit theories of intelligence predict achievement across an adolescent transition: A longitudinal study and an intervention. *Child Development, 78,* 246–263.

12 Schleider, J., & Weisz, J. (2018). A single-session growth mindset intervention for adolescent anxiety and depression: 9-month outcomes of a randomized trial. *Journal of Child Psychology and Psychiatry, 59,* 160–170.

13 Schroder, H. S., Dawood, S., Yalch, M. M., Donnellan, M. B., & Moser, J. S. (2016). Evaluating the domain specificity of mental health–related mind-sets. *Social Psychological and Personality Science, 7*(6), 508–520.

14 Weiss, D. (2016). On the inevitability of aging: Essentialist beliefs moderate the impact of negative age stereotypes on older adults' memory performance and physiological reactivity. *Journals of Gerontology, Series B: Psychological Sciences and Social Sciences,* gbw08.

15 Schumann, K., Zaki, J., & Dweck, C. S. (2014). Addressing the empathy deficit: Beliefs about the malleability of empathy predict effortful responses when empathy is challenging. *Journal of Personality and Social Psychology, 107*(3), 475–493.

16 Franiuk, R., Cohen, D., & Pomerantz, E. M. (2002). Implicit theories of relationships: Implications for relationship satisfaction and longevity. *Personal Relationships, 9,* 345–367; Knee, C. R. (1998). Implicit theories of relationships: Assessment and prediction of romantic relationship initiation, coping, and longevity. *Journal of Personality and Social Psychology, 74*(2), 360–370.

17 Maxwell, J. A., Muise, A., MacDonald, G., Day, L. C., Rosen, N. O., & Impett, E. A. (2017). How implicit theories of sexuality shape sexual and relationship well-being. *Journal of Personality and Social Psychology, 112*(2), 238–279.

18 Neff, K. D. (2003). Development and validation of a scale to measure self-compassion. *Self and Identity, 2,* 223–250.

19 Gunnell, K. E., Mosewich, A. D., McEwen, C. E., Eklund, R. C., & Crocker, P. R. E. (2017). Don't be so hard on yourself ! Changes in self- compassion during the first year of university are associated with changes in well-being. *Personality and Individual Differences, 107,* 43–48.

20 Neff, K. D. (2003). Development and validation of a scale to measure self-compassion. *Self and Identity, 2,* 223–250.

21 Dougherty, K. (2015). Reframing test day. *Teaching/Learning Matters,* 11–12.

22 Gilovich, T., & Medvec, V. H. (1995). The experience of regret: What, when, and why.

Psychological Review, 102(2), 379–395.
23 Brown, H. J., Jr. (1999). *P.S. I love you* (p. 13). Nashville, TN: Rutledge Hill.
24 Paunesku, D., Walton, G. M., Romero, C. L., Smith, E. N., Yeager, D. S., & Dweck, C. S. (2015). Mindset interventions are a scalable treatment for academic underachievement. *Psychological Science, 26*(6), 784–93; Yeager, D. S., Johnson, R., Spitzer, B. J., Trzesniewski, K. H., Powers, J., & Dweck, C. S. (2014). The far-reaching effects of believing people can change: Implicit theories of personality shape stress, health, and achievement during adolescence. *Journal of Personality and Social Psychology, 106*(6), 867–884.
25 Schumann, K., Zaki, J., & Dweck, C. S. (2014). Addressing the empathy deficit: Beliefs about the malleability of empathy predict effortful responses when empathy is challenging. *Journal of Personality and Social Psychology, 107*(3), 475–493.

第2章　斑馬爲什麼不會得潰瘍？心智模式對健康的影響

1 Sapolsky, R. M. (1998). *Why zebras don't get ulcers: An updated guide to stress, stress-related diseases, and coping.* New York: W. H. Freeman.
2 Faasse, K., Martin, L. R., Grey, A., Gamble, G., & Petrie, K. J. (2016). Impact of brand or generic labeling on medication effectiveness and side effects. *Health Psychology, 35*(2), 187–190.
3 Waber, R. L., Shiv, B., Carmon, Z., & Ariely, D. (2008). Commercial features of placebo and therapeutic efficacy. *Journal of the American Medical Association, 299*(9), 1016–1017.
4 Espay, A. J., Norris, M. M., Eliassen, J. C., Dwivedi, A., Smith, M. S., Banks, C., . . . Szaflarski, J. P. (2015). Placebo effect of medication cost in Parkinson's disease: A randomized double-blind study. *Neurology, 84*(8), 794–802.
5 Moseley, J. B., O'Malley, K., Petersen, N. J., Menke, T. J., Brody, B. A., Kuykendall, D. H., . . . Wray, N. P. (2002). A controlled trial of arthroscopic surgery for osteoarthritis of the knee. *New England Journal of Medicine, 347*, 81–88.
6 Buchbinder, R., Osborne, R. H., Ebeling, P. R., Wark, J. D., Mitchell, P., Wriedt, C., . . . Murphy, B. (2009). A randomized trial of vertebroplasty for painful osteoporotic vertebral fractures. *The New England Journal of Medicine, 361*, 557–568; Kallmes, D. F., Comstock, B. A., Heagerty, P. J., Turner, J. A., Wilson, D. J., Diamond, T. H., . . . Jarvik, J. G. (2009). A randomized trial of vertebroplasty for osteoporotic spinal fractures. *New England Journal of Medicine, 361*(6), 569–579; Goetz, C. G., Wuu, J., McDermott, M. P., Adler, C. H., Fahn, S., Freed, C. R., . . . Leurgans, S. (2008). Placebo response in Parkinson's disease: Comparisons among 11 trials covering medical and surgical interventions. *Movement Disorders, 23*, 690–699.
7 Wager, T. D., Rilling, J. K., Smith, E. E., Sokolik, A., Casey, K. L., Davidson, R. J., . . . Cohen, J. D. (2004). Placebo-induced changes in fMRI in the anticipation and experience of pain. *Science, 303*(5661), 1162–1167.
8 Tinnermann, A., Geuter, S., Sprenger, C., Finsterbusch, J., & Büchel, C. (2017). Interactions between brain and spinal cord mediate value effects in nocebo

hyperalgesia. *Science, 358*(6359), 105–108.

9　Crum, A. J., Corbin, W. R., Brownell, K. D., & Salovey, P. (2011). Mind over milkshakes: Mindsets, not just nutrients, determine ghrelin response. *Health Psychology, 30*(4), 424–429.

10　Crum, A. J., & Langer, E. J. (2007). Mind-set matters: Exercise and the placebo effect. *Psychological Science, 18*(2), 165–171.

11　Keller, A., Litzelman, K., Wisk, L. E., Maddox, T., Cheng, E. R., Creswell, P. D., & Witt, W. P. (2012). Does the perception that stress affects health matter? The association with health and mortality. *Health Psychology, 31*(5), 677–684.

12　Nabi, H., Kivimäki, M., Batty, G. D., Shipley, M. J., Britton, A., Brunner, E. J., . . . Singh-Manoux, A. (2013). Increased risk of coronary heart disease among individuals reporting adverse impact of stress on their health: The Whitehall II prospective cohort study. *European Heart Journal, 34,* 2697–2705.

13　Scheier, M. E., & Carver, C. S. (1987). Dispositional optimism and physical well-being: The influence of generalized outcome expectancies on health. *Journal of Personality, 55,* 169–210; Scheier, M. F., & Carver, C. S. (1992). Effects of optimism on psychological and physical well-being: Theoretical overview and empirical update. *Cognitive Therapy and Research, 16*(2), 201–228.

14　De Moor, J. S., De Moor, C. A., Basen-Engquist, K., Kudelka, A., Bevers, M. W., & Cohen, L. (2006). Optimism, distress, health-related quality of life, and change in cancer antigen 125 among patients with ovarian cancer undergoing chemotherapy. *Psychosomatic Medicine, 68*(4), 555–562.

15　Segerstrom, S. C., Taylor, S. E., Kemeny, M. E., & Fahey, J. L. (1998). Optimism is associated with mood, coping, and immune change in response to stress. *Journal of Personality and Social Psychology, 74*(6), 1646– 1655; Taylor, S. E., Burklund, L. J., Eisenberger, N. I., Lehman, B. J., Hilmert, C. J., & Lieberman, M. D. (2008). Neural bases of moderation of cortisol stress responses by psychosocial resources. *Journal of Personality and Social Psychology, 95*(1), 197–211; Tugade, M. M., & Fredrickson, B. L. (2004). Resilient individuals use positive emotions to bounce back from negative emotional experiences. *Journal of Personality and Social Psychology, 86*(2), 320–333.

16　Cohen, S., Alper, C. M., Doyle, W. J., Treanor, J. J., & Turner, R. B. (2006). Positive emotional style predicts resistance to illness after experimental exposure to rhinovirus or influenza A virus. *Psychosomatic Medicine, 68*(6), 809–815.

17　Crum, A. J., Salovey, P., & Achor, S. (2013). Rethinking stress: The role of mindsets in determining the stress response. *Journal of personality and social psychology, 104*(4), 716-733.

18　Ewart, C. K., Harris, W. L., Iwata, M. M., Coates, T. J., Bullock, R., & Simon, B. (1987). Feasibility and effectiveness of school-based relaxation in lowering blood pressure. *Health Psychology, 6*(5), 399–416.

19　Seppälä, E. M., Nitschke, J. B., Tudorascu, D. L., Hayes, A., Goldstein, M. R., Nguyen, D. T. H., . . . Davidson, R. J. (2014). Breathing-based meditation decreases posttraumatic stress disorder symptoms in U.S. military veterans: A randomized controlled longitudinal study. *Journal of Traumatic Stress, 27*, 397–405.

20 Blumenthal, J. A., Sherwood, A., Smith, P. J., Watkins, L., Mabe, S., Kraus, W. E., . . . Hinderliter, A. (2016). Enhancing cardiac rehabilitation with stress management training: A randomized clinical efficacy trial. *Circulation, 133*(14), 1341–1350; Stagl, J. M., Bouchard, L. C., Lechner, S. C., Blomberg, B. B., Gudenkauf, L. M., Jutagir, D. R., . . . Antoni, M. H. (2015). Long-term psychological benefits of cognitive-behavioral stress management for women with breast cancer: 11-year follow-up of a randomized controlled trial. *Cancer, 121*(11), 1873–1881.

21 Hemenover, S. H. (2001). Self-reported processing bias and naturally occurring mood: Mediators between personality and stress appraisals. *Personality and Social Psychology Bulletin, 27*(4), 387–394.

22 Troy, A. S., Wilhelm, F. H., Shallcross, A. J., & Mauss, I. B. (2010). Seeing the silver lining: Cognitive reappraisal ability moderates the relationship between stress and depressive symptoms. *Emotion, 10*(6), 783–795.

23 Jamieson, J. P., Peters, B. J., Greenwood, E. J., & Altose, A. (2016). Reappraising stress arousal improves performance and reduces evaluation anxiety in classroom exam situations. *Social Psychological and Personality Science, 7*(6), 579–587.

24 Crum, A. J., Salovey, P., & Achor, S. (2013). Rethinking stress: The role of mindsets in determining the stress response. *Journal of Personality and Social Psychology, 104*(4), 716–733.

25 Allen, A. B., & Leary, M. R. (2010). Self-compassion, stress, and coping. *Social and Personality Psychology Compass, 4*(2), 107–118.

26 Breines, J. G., Thoma, M. V., Gianferante, D., Hanlin, L., Chen, X., & Rohleder, N. (2014). Self-compassion as a predictor of interleukin-6 response to acute psychosocial stress. *Brain, Behavior, and Immunity, 37*, 109–114.

第3章　人愈老愈有智慧，而不是愈健忘 —— 心智模式對記憶力的影響

1 Kennedy, P. (2017, April 7). To be a genius, think like a 94-year-old. *New York Times.* Retrieved from https://www.nytimes.com/2017/04/07/opinion/sunday/to-be-a-genius-think-like-a-94-year-old.html

2 Hartshorne, J. K., & Germine, L. T. (2015). When does cognitive functioning peak? The asynchronous rise and fall of different cognitive abilities across the lifespan. *Psychological Science, 26*(4), 433–443.

3 Li, Y., Baldassi, M., Johnson, E. J., & Weber, E. U. (2013). Complementary cognitive capabilities, economic decision-making, and aging. *Psychology and Aging, 28*(3), 595–613.

4 Hess, T. M., Auman, C., Colcombe, S. J., & Rahhal, T. A. (2003). The impact of stereotype threat on age differences in memory performance. *Journals of Gerontology, Series B: Psychological Sciences and Social Sciences, 58*(1), P3–P11.

5 Rahhal, T. A., Hasher, L., & Colcombe, S. J. (2001). Instructional manipulations and age differences in memory: Now you see them, now you don't. *Psychology and Aging, 16*(4), 697–706.

6 Haslam, C., Morton, T. A., Haslam, S. A., Varnes, L., Graham, R., & Gamaz, L. (2012). "When the age is in, the wit is out": Age-related self- categorization and deficit expectations reduce performance on clinical tests used in dementia assessment. *Psychology and Aging, 27*(3), 778–784.

7 Wu, S. (2013, July 1). Aging stereotypes can hurt older adults' memory. *USC News*. Retrieved from https://news.usc.edu/52707/aging-stereotypes-can-hurt-older-adults-memory/

8 Levy, B. (1996). Improving memory in old age through implicit self-stereotyping. *Journal of Personality and Social Psychology, 71*(6), 1092–1107.

9 Hughes, M. L., Geraci, L., & De Forrest, R. L. (2013). Aging 5 years in 5 minutes: The effect of taking a memory test on older adults' subjective age. *Psychological Science, 24*(12), 2481–2488.

10 Levy, B. R., Zonderman, A. B., Slade, M. D., & Ferrucci, L. (2012). Memory shaped by age stereotypes over time. *Journals of Gerontology, Series B: Psychological Sciences and Social Sciences, 67*(4), 432–436.

11 Levy, B., & Langer, E. (1994). Aging free from negative stereotypes: Successful memory in China among the American deaf. *Journal of Personality and Social Psychology, 66*(6), 989–997.

12 Goodwin, J. (2010, April 5). With age comes wisdom: Study. HealingWell.com. Retrieved from http://news.healingwell.com/index. php?p=news1&id=637723

13 Burzynska, A. Z., Jiao, Y., Knecht, A. M., Fanning, J., Awick, E. A., Chen, T., . . . Kramer, A. F. (2017). White matter integrity declined over 6-months, but dance intervention improved integrity of the fornix of older adults. *Frontiers in Aging Neuroscience, 9*, 59.

14 Park, D. C., Lodi-Smith, J., Drew, L., Haber, S., Hebrank, A., Bischof, G. N., & Aamodt, W. (2014). The impact of sustained engagement on cognitive function in older adults: The Synapse Project. *Psychological Science, 25*(1), 103–112.

15 Barber, S. J., & Mather, M. (2013). Stereotype threat can enhance, as well as impair, older adults' memory. *Psychological Science, 24*(12), 2522–2529.

16 Robertson, D. A., & Weiss, D. (2017). In the eye of the beholder: Can counter-stereotypes change perceptions of older adults' social status? *Psychology and Aging, 32*(6), 531–542.

17 Whitbourne, S. K. (2012, January 28). 15 wise and inspiring quotes about aging. *Psychology Today*. Retrieved from https://www.psychologytoday.com/us/blog/fulfillment-any-age/201201/15-wise-and-inspiring-quotes-about-aging

第4章 百歲人瑞的祕密：心智模式對壽命的影響

1 Frankl, V. E. (1984). *Man's search for meaning: An introduction to logotherapy*. New York: Simon & Schuster.

2 Hill, P. L., & Turiano, N. A. (2014). Purpose in life as a predictor of mortality across adulthood. *Psychological Science, 25*(7), 1482–1486.

3 Buettner, D. (2012, October 24).The island where people forget to die. *New York Times*. Retrieved from https://www.nytimes.com/2012/10/28/ magazine/the-island-where-

people-forget-to-die.html

4 Cavallini, E., Bottiroli, S., Fastame, M. C., & Hertzog, C. (2013). Age and subcultural differences on personal and general beliefs about memory. *Journal of Aging Studies, 27*(1), 71–81.

5 Buettner, D. (2008). *Blue zones* (p. 180). Washington, DC: National Geographic Society.

6 Levy, B. R., Zonderman, A. B., Slade, M. D., & Ferrucci, L. (2009). Age stereotypes held earlier in life predict cardiovascular events in later life. *Psychological Science, 20*(3), 296–298.

7 Levy, B. R., Slade, M. D., Murphy, T. E., & Gill, T. M. (2012). Association between positive age stereotypes and recovery from disability in older persons. *Journal of the American Medical Association, 308*(19), 1972–1973; Segel-Karpas, D., Palgi, Y., & Shrira, A. (2017). The reciprocal relationship between depression and physical morbidity: The role of subjective age. *Health Psychology, 36*(9), 848–851.

8 Bellingtier, J. A., & Neupert, S. D. (2016). Negative aging attitudes predict greater reactivity to daily stressors in older adults. *Journals of Gerontology, Series B: Psychological Sciences and Social Sciences,* gbw086.

9 Levy, B. R., & Bavishi, A. (2016). Survival advantage mechanism: Inflammation as a mediator of positive self-perceptions of aging on longevity. *Journals of Gerontology, Series B: Psychological Sciences and Social Sciences,* gbw035.

10 Levy, B. R., Slade, M. D., Kunkel, S. R., & Kasl, S. V. (2002). Longevity increased by positive self-perceptions of aging. *Journal of Personality and Social Psychology, 83*(2), 261–270.

11 Stephan, Y., Sutin, A. R., & Terracciano, A. (2016). Feeling older and risk of hospitalization: Evidence from three longitudinal cohorts. *Health Psychology, 35*(6), 634–637.

12 Zahrt, O. H., & Crum, A. J. (2017). Perceived physical activity and mortality: Evidence from three nationally representative U.S. samples. *Health Psychology, 36*(11), 1017–1025.

13 Frey, B. S. (2011). Happy people live longer. *Science, 4, Feb,* 542–543; Kim, E. S., Hagan, K. A., Grodstein, F., DeMeo, D. L., De Vivo, I., & Kubzansky, L. D. (2017). Optimism and cause-specific mortality: A prospective cohort study. *American Journal of Epidemiology, 185*(1), 21–29; Terracciano, A., Löckenhoff, C. E., Zonderman, A. B., Ferrucci, L., & Costa, P. T., Jr. (2008). Personality predictors of longevity: Activity, emotional stability, and conscientiousness. *Psychosomatic Medicine, 70*(6), 621–627.

14 Danner, D. D., Snowdon, D. A., & Friesen, W. V. (2001). Positive emotions in early life and longevity: Findings from the nun study. *Journal of Personality and Social Psychology, 80*(5), 804–813; Pressman, S. D., & Cohen, S. (2012). Positive emotion word use and longevity in famous deceased psychologists. *Health Psychology, 31*(3), 297–305.

15 Giltay, E. J., Geleijnse, J. M., Zitman, F. G., Hoekstra, T., & Schouten, E. G. (2004). Dispositional optimism and all-cause and cardiovascular mortality in a prospective cohort of elderly Dutch men and women. *Archives of General Psychiatry, 61*(11), 1126–1135.

16 Maruta, T., Colligan, R. C., Malinchoc, M., & Offord, K. P. (2000). Optimists vs. pessimists: Survival rate among medical patients over a 30-year period. *Mayo Clinic Proceedings, 75*(2), 140–143.

17 Reece, T. (2015, December 24). 10 habits of people who've lived to be 100. *Prevention.* Retrieved from https://www.prevention.com/life/a20492770/z-redirected-10-habits-of-people-whove-lived-to-be-100/

18 Novotny, P., Colligan, R. C., Szydlo, D. W., Clark, M. M., Rausch, S., Wampfler, J., . . . Yang, P. (2010). A pessimistic explanatory style is prognostic for poor lung cancer survival. *Journal of Thoracic Oncology, 5*(3), 326–332.

19 Abel, E. L., & Kruger, M. L. (2010). Smile intensity in photographs predicts longevity. *Psychological Science, 21*(4), 542–544.

20 Kraft, T. L., & Pressman, S. D. (2012). Grin and bear it: The influence of manipulated facial expression on the stress response. *Psychological Science, 23*(11), 1372–1378.

21 Goldstein, E. (2009, September 21). Living without joy? Thich Nhat Hanh shares a secret. *PsychCentral* (blog). Retrieved from https://blogs.psychcentral.com/mindfulness/2009/09/living-without-joy-thich-nhat-hanh-shares-a-secret/

22 Sarkisian, C. A., Prohaska, T. R., Davis, C., & Weiner, B. (2007). Pilot test of an attribution retraining intervention to raise walking levels in sedentary older adults. *Journal of the American Geriatrics Society, 55*, 1842–1846.

23 Jakubiak, B. K., & Feeney, B. C. (2016). Daily goal progress is facilitated by spousal support and promotes psychological, physical, and relational well-being throughout adulthood. *Journal of Personality and Social Psychology, 111*(3), 317–340.

24 Sagi-Schwartz, A., Bakermans-Kranenburg, M. J., Linn, S., & van IJzendoorn, M. H. (2013). Against all odds: Genocidal trauma is associated with longer life-expectancy of the survivors. *PLOS One 8*(7): e69179.

第 5 章　你是跳跳虎，還是屹耳？性格的重要性

1 Freud, S. (2013). *The interpretation of dreams* (A. A. Brill, Trans.). New York: Macmillan. (Original work published 1899)

2 Carver, C. S., Pozo, C., Harris, S. D., Noriega, V., Scheier, M. F., Robinson, D. S., . . . Clark, K. C. (1993). How coping mediates the effect of optimism on distress: A study of women with early stage breast cancer. *Journal of Personality and Social Psychology, 65*(2), 375–390; Ong, A. D., Bergeman, C. S., Bisconti, T. L., & Wallace, K. A. (2006). Psychological resilience, positive emotions, and successful adaptation to stress in later life. *Journal of Personality and Social Psychology, 91*(4), 730–749; Tugade, M. M., & Fredrickson, B. L. (2004). Resilient individuals use positive emotions to bounce back from negative emotional experiences. *Journal of Personality and Social Psychology, 86*(2), 320–333.

3 Vieselmeyer, J., Holguin, J., & Mezulis, A. (2017). The role of resilience and gratitude in posttraumatic stress and growth following a campus shooting. *Psychological Trauma: Theory, Research, Practice, and Policy, 9*(1), 62–69.

4 Jackson, L. (n.d.). Your health and emotions. *Mountain Express Magazine.* http://

mountainexpressmagazine.com/your-health-and-emotions/

5 Scheier, M. F., Matthews, K. A., Owens, J. F., Magovern, G. J., Lefebvre, R. C., Abbott, R. A., & Carver, C. S. (1989). Dispositional optimism and recovery from coronary artery bypass surgery: The beneficial effects on physical and psychological well-being. *Journal of Personality and Social Psychology, 57*(6), 1024–1040.

6 Mandela, N. (1994). *Long walk to freedom: The autobiography of Nelson Mandela.* Boston: Little, Brown.

7 Brissette, I., Scheier, M. F., & Carver, C. S. (2002). The role of optimism in social network development, coping, and psychological adjustment during a life transition. *Journal of Personality and Social Psychology, 82*(1), 102–111.

8 Chan, C. S., Lowe, S. R., Weber, E., & Rhodes, J. E. (2015). The contribution of pre- and postdisaster social support to short and long term mental health after Hurricane Katrina: A longitudinal study of low-income survivors. *Social Science & Medicine, 138*, 38–43; McDonough, M. H., Sabiston, C. M., & Wrosch, C. (2014). Predicting changes in posttraumatic growth and subjective well-being among breast cancer survivors: The role of social support and stress. *Psycho-Oncology, 23*(1), 114–120; Paul, L. A., Felton, J. W., Adams, Z. W., Welsh, K., Miller, S., & Ruggiero, K. J. (2015). Mental health among adolescents exposed to a tornado: The influence of social support and its interactions with sociodemographic characteristics and disaster exposure. *Journal of Traumatic Stress, 28*(3), 232–239.

9 Murray, S. L., Rose, P., Bellavia, G. M., Holmes, J. G., & Kusche, A. G. (2002). When rejection stings: How self-esteem constrains relationship-enhancement processes. *Journal of Personality and Social Psychology, 83*(3), 556–573.

10 Pausch, R., & Zaslow, J. (2008). *The last lecture.* New York: Hyperion.

11 Nolen-Hoeksema, S., & Morrow, J. (1991). A prospective study of depression and posttraumatic stress symptoms after a natural disaster: The 1989 Loma Prieta earthquake. *Journal of Personality and Social Psychology, 61*(1), 115–121.

12 Nolen-Hoeksema, S., Parker, L. E., & Larson, J. (1994). Ruminative coping with depressed mood following loss. *Journal of Personality and Social Psychology, 67*(1), 92–104.

13 Nolen-Hoeksema, S. (1991). Responses to depression and their effects on the duration of depressive episodes. *Journal of Abnormal Psychology, 100*(4), 569–582.

14 Dupont, A., Bower, J. E., Stanton, A. L., & Ganz, P. A. (2014). Cancer-related intrusive thoughts predict behavioral symptoms following breast cancer treatment. *Health Psychology, 33*(2), 155–163.

15 Joormann, J. (2011, June 2). Depression and negative thoughts. *Association for Psychological Science.* Retrieved from https://www.psychologicalscience.org/news/releases/depression-and-negative-thoughts.html

16 Archontaki, D., Lewis, G. J., & Bates, T. C. (2013). Genetic influences on psychological well-being: A nationally representative twin study. *Journal of Personality, 81*, 221–230.

17 Caspi, A., Sugden, K., Moffitt, T. E., Taylor, A., Craig, I. W., Harrington, H., . . . Poulton, R. (2003). Influence of life stress on depression: Moderation by a polymorphism in the

5-HTT gene. *Science*, 18 Jul, 386–389.

18 Brooks, A. C. (2015, July 25). We need optimists. *New York Times*. Retrieved from https://www.nytimes.com/2015/07/26/opinion/sunday/arthur-c-brooks-we-need-optimists.html

19 Fritz, H. L., Russek, L. N., & Dillon, M. M. (2017). Humor use moderates the relation of stressful life events with psychological distress. *Personality and Social Psychology Bulletin, 43*(6), 845–859.

20 Ford, B. Q., Lam, P., John, O. P., & Mauss, I. B. (2018). The psychological health benefits of accepting negative emotions and thoughts: Laboratory, diary, and longitudinal evidence. *Journal of Personality and Social Psychology*. Advance online publication. doi: 10.1037/pspp0000157.

21 Baer, R. A., Smith, G. T., Hopkins, J., Krietemeyer, J., & Toney, L. (2006). Using self-report assessment methods to explore facets of mindfulness. *Assessment, 13*(1), 27–45.

22 Anwar, Y. (2017, August 10). Feeling bad about feeling bad can make you feel worse. *Berkeley News*. Retrieved from http://news.berkeley.edu/2017/08/10/emotionalacceptance/

23 Fowler, J. H., & Christakis, N. A. (2008). Dynamic spread of happiness in a large social network: Longitudinal analysis over 20 years in the Framingham Heart Study. *The BMJ, 337*, a2338.

24 Coviello, L., Sohn, Y., Kramer, A. D. I., Marlow, C., Franceschetti, M., Christakis, N. A., & Fowler, J. H. (2014). Detecting emotional contagion in massive social networks. *PLOS One 9*(3): e90315.

第6章　比較心理是竊取快樂的小偷：環境的重要性

1 Card, D., Mas, A., Moretti, E., & Saez, E (2012). Inequality at work: The effect of peer salaries on job satisfaction. *American Economic Review, 102*(6), 2981–3003.

2 Dachis, A. (2013, May 10). Comparison is the thief of joy. *Lifehacker* (blog). Retrieved from https://lifehacker.com/comparison-is-the-thief-of-joy-499152017

3 Solnick, S. J., & Hemenway, D. (1998). Is more always better?: A survey on positional concerns. *Journal of Economic Behavior & Organization, 37*(3), 373–383.

4 Zhang, J. W., Howell, R. T., & Howell, C. J. (2014). Living in wealthy neighborhoods increases material desires and maladaptive consumption. *Journal of Consumer Culture, 16*(1), 297–316.

5 Tay, L., Morrison, M., & Diener, E. (2014). Living among the affluent: Boon or bane? *Psychological Science, 25*, 1235–1241.

6 Stephens-Davidowitz, S. (2017, May 6). Don't let Facebook make you miserable. *New York Times*. Retrieved from https://www.nytimes.com/2017/05/06/opinion/sunday/dont-let-facebook-make-you-miserable.html

7 Chekhov, A. (1979). Gooseberries. In R. E. Matlaw (ed.). *Anton Chekhov's short stories* (pp. 185–193). New York: W. W. Norton. (Original work published 1898)

8 Jordan, A. H., Monin, B., Dweck, C. S., Lovett, B. J., John, O. P., & Gross, J. J. (2011). Misery has more company than people think: Underestimating the prevalence of

others' negative emotions. *Personality & Social Psychology Bulletin, 37*(1), 120–135.

9 Haushofer, J. (2016). CV of failures. Retrieved from https://www.princeton.edu/~joha/ Johannes_Haushofer_CV_of_Failures.pdf

10 Lamott, A. (2017, June 9). 12 truths I learned from life and writing [Transcript of video file]. TED Talks. Retrieved from https://www.ted.com/talks/anne_lamott_12_truths_i_ learned_from_life_and_writing/transcript?language=en

11 Kraut, R., Patterson, M., Lundmark, V., Kiesler, S., Mukophadhyay, T., & Scherlis, W. (1998). Internet paradox: A social technology that reduces social involvement and psychological well-being? *American Psychologist, 53*(9), 1017–1031.

12 Huang, C. (2010). Internet use and psychological well-being: A meta- analysis. *Cyberpsychology, Behavior, and Social Networking, 13*(3), 241–249.

13 Song, H., Zmyslinski-Seelig, A., Kim, J., Drent, A., Victor, A., Omori, K., & Allen, M. (2014). Does Facebook make you lonely?: A meta analysis. *Computers in Human Behavior, 36*, 446–452.

14 Kross, E., Verduyn, P., Demiralp, E., Park, J., Lee, D. S., Lin, N., . . . Ybarra, O. (2013). Facebook use predicts declines in subjective well-being in young adults. *PLOS One, 8*(8), e69841.

15 Twenge, J. M., Joiner, T. E., Rogers, M. L., & Martin, G. N. (2017). Increases in depressive symptoms, suicide-related outcomes, and suicide rates among U.S. adolescents after 2010 and links to increased new media screen time. *Clinical Psychological Science, 6*(1), 3–17.

16 Shakya, H. B., & Christakis, N. A. (2017). Association of Facebook use with compromised well-being: A longitudinal study. *American Journal of Epidemiology, 185*(3), 203–211.

17 Schwartz, B., Ward, A., Monterosso, J., Lyubomirsky, S., White, K., & Lehman, D. R. (2002). Maximizing versus satisficing: Happiness is a matter of choice. *Journal of Personality and Social Psychology, 83*(5), 1178–1197.

18 Gibbons, F. X., & Buunk, B. P. (1999). Individual differences in social comparison: Development of a scale of social comparison orientation. *Journal of Personality and Social Psychology, 76*(1), 129–142.

19 Borgonovi, F. (2008). Doing well by doing good. The relationship between formal volunteering and self-reported health and happiness. *Social Science & Medicine, 66*(11), 2321–2334.

20 Epictetus (1865). *The Works of Epictetus. Consisting of His Discourses, in Four Books, The Enchiridion, and Fragments* (T. W. Higginson, Ed., & E. Carter, Trans.). Boston: Little, Brown.

21 Emmons, R. A., & McCullough, M. E. (2003). Counting blessings versus burdens: An experimental investigation of gratitude and subjective well- being in daily life. *Journal of Personality and Social Psychology, 84*(2), 377–389.

22 Otto, A. K., Szczesny, E. C., Soriano, E. C., Laurenceau, J.-P., & Siegel, S. D. (2016). Effects of a randomized gratitude intervention on death-related fear of recurrence in breast cancer survivors. *Health Psychology, 35*(12), 1320–1328.

23 Krieger, L. S., & Sheldon, K. M. (2015). What makes lawyers happy?: A data-driven prescription to redefine professional success. *George Washington Law Review, 83*(2), 554–627.

第7章　接納逆境：創傷的重要性

1 Rigoglioso, M. (2014, February 5). BJ Miller '93: Wounded healer. *Princeton Alumni Weekly*. Retrieved from https://paw.princeton.edu/article/bj-miller-%E2%80%9993-wounded-healer

2 Galanes, P. (2017, May 13). Sheryl Sandberg and Elizabeth Alexander on love, loss and what comes next. *New York Times*. Retrieved from https://www.nytimes.com/2017/05/13/fashion/sheryl-sandberg-and-elizabeth-alexander-on-love-loss-and-what-comes-next.html

3 Cann, A., Calhoun, L. G., Tedeschi, R. G., Taku, K., Vishnevsky, T., Triplett, K. N., & Danhauer, S. C. (2010). A short form of the posttraumatic growth inventory. *Anxiety, Stress & Coping, 23*(2), 127–137.

4 Carver, C. S., & Antoni, M. H. (2004). Finding benefit in breast cancer during the year after diagnosis predicts better adjustment 5 to 8 years after diagnosis. *Health Psychology, 23*(6), 595–598; Rinaldis, M., Pakenham, K. I., & Lynch, B. M. (2010). Relationships between quality of life and finding benefits in a diagnosis of colorectal cancer. *British Journal of Psychology, 101*, 259–275; Wang, A. W.-T., Chang, C.-S., Chen, S.-T., Chen, D.-R., Fan, F., Carver, C. S., & Hsu, W.-Y. (2017). Buffering and direct effect of posttraumatic growth in predicting distress following cancer. *Health Psychology, 36*(6), 549–559.

5 Rassart, J., Luyckx, K., Berg, C. A., Oris, L., & Wiebe, D. J. (2017). Longitudinal trajectories of benefit finding in adolescents with type 1 diabetes. *Health Psychology, 36*(10), 977–986.

6 Lieber, R. (2017, March 19). Basing life on what you can afford. *New York Times*. Retrieved from https://www.nytimes.com/2017/03/19/your-money/budget-what-you-can-afford.html

7 Levitt, S. (2014, February 24). The science of post-traumatic growth. *Live Happy*. Retrieved from https://www.livehappy.com/science/positive-psychology/science-post-traumatic-growth

8 Croft, A., Dunn, E.W., & Quoidbach, J. (2014). From tribulations to appreciation: Experiencing adversity in the past predicts greater savoring in the present. *Social Psychological and Personality Science, 5*, 511–516.

9 Carstensen, L. L., Turan, B., Scheibe, S., Ram, N., Ersner-Hershfield, H., Samanez-Larkin, G. R., . . . Nesselroade, J. R. (2011). Emotional experience improves with age: Evidence based on over 10 years of experience sampling. *Psychology and Aging, 26*(1), 21–33.

10 Thomas, M. L., Kaufmann, C. N., Palmer, B. W., Depp, C. A., Martin, A. S., Glorioso, D. K., . . . Jeste, D. V. (2016). Paradoxical trend for improvement in mental health with aging: A community-based study of 1,546 adults aged 21–100 years. *Journal of Clinical*

Psychiatry, 77(8), e1019– e1025.

11 LaFee, S. (2016, August 24). Graying but grinning: Despite physical ailments, older adults happier. UC San Diego News Center. Retrieved from https://ucsdnews.ucsd.edu/pressrelease/graying_but_grinning_despite_physical_ailments_older_adults_happier

12 Mather, M., & Carstensen, L. L. (2005). Aging and motivated cognition: The positivity effect in attention and memory. *Trends in Cognitive Sciences, 9*, 496–502.

13 Williams, L. M., Brown, K. J., Palmer, D., Liddell, B. J., Kemp, A. H., Olivieri, G., . . . Gordon, E. (2006). The mellow years?: Neural basis of improving emotional stability over age. *Journal of Neuroscience, 26*(24), 6422–6430.

14 Addis, D. R., Leclerc, C. M., Muscatell, K. A., & Kensinger, E. A. (2010). There are age-related changes in neural connectivity during the encoding of positive, but not negative, information. *Cortex, 46*(4), 425–433.

15 Mallozzi, V. M. (2017, August 11). She's 98. He's 94. They met at the gym. *New York Times*. Retrieved from https://www.nytimes.com/2017/08/11/fashion/weddings/senior-citizen-older-couple-wedding.html

16 Hoerger, M., Chapman, B. P., Prigerson, H. G., Fagerlin, A., Mohile, S. G., Epstein, R. M., . . . Duberstein, P. R. (2014). Personality change pre- to post-loss in spousal caregivers of patients with terminal lung cancer. *Social Psychological and Personality Science, 5*(6), 722–729.

17 Lim, D., & DeSteno, D. (2016). Suffering and compassion: The links among adverse life experiences, empathy, compassion, and prosocial behavior. *Emotion, 16*(2), 175–182.

18 Hayhurst, J., Hunter, J. A., Kafka, S., & Boyes, M. (2015). Enhancing resilience in youth through a 10-day developmental voyage. *Journal of Adventure Education and Outdoor Learning, 15*(1), 40–52.

19 Seery, M. D., Holman, E. A., & Silver, R. C. (2010). Whatever does not kill us: Cumulative lifetime adversity, vulnerability, and resilience. *Journal of Personality and Social Psychology, 99*(6), 1025–1041.

20 Wade, J. B., Hart, R. P., Wade, J. H., Bekenstein, J., Ham, C., & Bajaj, J. S. (2016). Does the death of a spouse increase subjective well-being: An assessment in a population of adults with neurological illness. *Healthy Aging Research, 5*(1), 1–9.

21 Carey, B. (2011, January 3). On road to recovery, past adversity provides a map. *New York Times*. Retrieved from https://www.nytimes.com/2011/01/04/health/04mind.html

22 Talbot, M. (2013, October 21). Gone girl. *New Yorker*. Retrieved from https://www.newyorker.com/magazine/2013/10/21/gone-girl-2

23 Rilke, R. M. (2005). *Rilke's book of hours: Love poems to God* (A. Barrows & J. Macy, Eds.). New York: Riverhead Books.

24 Diener, E., & Diener, C. (1996). Most people are happy. *Psychological Science, 7*(3), 181–184.

25 Sheryl Sandberg's 2016 commencement address at University of California, Berkeley. (2016, May 14). *Los Angeles Times*. Retrieved from http://www.latimes.com/local/california/la-sheryl-sandberg-commencement-address-transcript-20160514-story.html

26 Sikkema, K. J., Hansen, N. B., Ghebremichael, M., Kochman, A., Tarakeshwar, N.,

Meade, C. S., & Zhang, H. (2006). A randomized controlled trial of a coping group intervention for adults with HIV who are AIDS bereaved: Longitudinal effects on grief. *Health Psychology, 25*(5), 563–570.

27 Mancini, A. D., Littleton, H. L., & Grills, A. E. (2016). Can people benefit from acute stress? Social support, psychological improvement, and resilience after the Virginia Tech campus shootings. *Clinical Psychological Science, 4*(3), 401–417.

28 Becker, H. A. (n.d.). This grieving mom donated 92 gallons of breastmilk in her stillborn's honor. *Parents*. Retrieved from https://www.parents.com/baby/all-about-babies/this-grieving-mom-donated-92-gallons-of-breastmilk-in-her-stillborns-honor/

29 Egan, N. W. (2018, April 19). How the Krims found love and healing after their children were murdered. *People*. Retrieved from https://people.com/crime/how-the-krims-found-love-and-healing-after-their-children-were-murdered/

第8章　行為改變，思想也會跟著改變

1 Pergament, K. I. (1997). *The psychology of religion and coping: Theory, research, practice.* London: Guilford.

2 McCarthy, J., & Brown, A. (2015, March 2). Getting more sleep linked to higher well-being. Gallup. Retrieved from http://news.gallup.com/poll/181583/getting-sleep-linked-higher.aspx

3 Tang, N. K. Y., Fiecas, M., Afolalu, E. F., & Wolke, D. (2017). Changes in sleep duration, quality, and medication use are prospectively associated with health and well-being: Analysis of the UK household longitudinal study. *Sleep, 40*(3).

4 Steptoe, A., O'Donnell, K., Marmot, M., & Wardle, J. (2008). Positive affect, psychological well-being, and good sleep. *Journal of Psychosomatic Research, 64*(4), 409–415.

5 Nota, J. A., & Coles, M. E. (2018). Shorter sleep duration and longer sleep onset latency are related to difficulty disengaging attention from negative emotional images in individuals with elevated transdiagnostic repetitive negative thinking. *Journal of Behavior Therapy and Experimental Psychiatry, 58*, 114–122; Nota, J. A., & Coles, M. E. (2015). Duration and timing of sleep are associated with repetitive negative thinking. *Cognitive Therapy and Research, 39*(2), 253–256; Vargas, I., Drake, C. L., & Lopez- Duran, N. L. (2017). Insomnia symptom severity modulates the impact of sleep deprivation on attentional biases to emotional information. *Cognitive Therapy and Research, 41*(6), 842–852.

6 Jike, M., Itani, O., Watanabe, N., Buysse, D. J., & Kaneita, Y. (2018). Long sleep duration and health outcomes: A systematic review, meta-analysis and meta-regression. *Sleep Medicine Reviews, 39*, 25–36; Redeker, N. S., Ruggiero, J. S., & Hedges, C. (2004). Sleep is related to physical function and emotional well-being after cardiac surgery. *Nursing Research, 53*(3), 154–162.

7 Prather, A. A., Janicki-Deverts, D., Hall, M. H., & Cohen, S. (2015). Behaviorally assessed sleep and susceptibility to the common cold. *Sleep, 38*(9), 1353–1359.

8 Potter, L. M., & Weiler, N. (2015, August 31). Sleep deprived? Expect to get sick too.

University of California News. Retrieved from https://www.universityofcalifornia.edu/news/sleep-deprived-get-sick-more-often

9 Gabriel, S., & Young, A. F. (2011). Becoming a vampire without being bitten: The narrative collective-assimilation hypothesis. *Psychological Science, 22*(8), 990–994.

10 Kidd, D. C., & Castano, E. (2013, October 18). Reading literary fiction improves theory of mind. *Science,* 377–380.

11 Vezzali, L., Stathi, S., Giovannini, D., Capozza, D., & Trifiletti, E. (2015). The greatest magic of Harry Potter: Reducing prejudice. *Journal of Applied Social Psychology, 45*(2), 105–121.

12 Johnson, D. (2016, July 21). Reading fictional novels can make you more empathetic. *Science World Report.* Retrieved from https://www.scienceworldreport.com/articles/44162/20160721/reading-fictional-novels-can-make-you-more-empathetic.htm

13 Bavishi, A., Slade, M. D., & Levy, B. R. (2016). A chapter a day— Association of book reading with longevity. *Social Science & Medicine, 164,* 44–48.

14 Forcier, K., Stroud, L. R., Papandonatos, G. D., Hitsman, B., Reiches, M., Krishnamoorthy, J., & Niaura, R. (2006). Links between physical fitness and cardiovascular reactivity and recovery to psychological stressors: A meta-analysis. *Health Psychology, 25*(6), 723–739; Zschucke, E., Renneberg, B., Dimeo, F., Wüstenberg, T., & Ströhle, A. (2015). The stress-buffering effect of acute exercise: Evidence for HPA axis negative feedback. *Psychoneuroendocrinology, 51,* 414–425.

15 Bherer, L., Erickson, K. I., & Liu-Ambrose, T. (2013). A review of the effects of physical activity and exercise on cognitive and brain functions in older adults. *Journal of Aging Research, 2013,* 657508.

16 Hsu, C. L., Best, J. R., Davis, J. C., Nagamatsu, L. S., Wang, S., Boyd, L. A., . . . Liu-Ambrose, T. (2018). Aerobic exercise promotes executive functions and impacts functional neural activity among older adults with vascular cognitive impairment. *British Journal of Sports Medicine, 52*(3), 184–191.

17 McCann, I. L., & Holmes, D. S. (1984). Influence of aerobic exercise on depression. *Journal of Personality and Social Psychology, 46*(5), 1142–1147; Mammen, G., & Faulkner, G. (2013). Physical activity and the prevention of depression. *American Journal of Preventive Medicine, 45*(5), 649–657.

18 Puterman, E., Weiss, J., Beauchamp, M. R., Mogle, J., & Almeida, D. M. (2017). Physical activity and negative affective reactivity in daily life. *Health Psychology, 36*(12), 1186–1194.

19 Craft, L. L., & Perna, F. M. (2004). The benefits of exercise for the clinically depressed. *Primary Care Companion to the Journal of Clinical Psychiatry, 6*(3), 104–111; Schuch, F. B., Vancampfort, D., Richards, J., Rosenbaum, S., Ward, P. B., & Stubbs, B. (2016). Exercise as a treatment for depression: A meta-analysis adjusting for publication bias. *Journal of Psychiatric Research, 77,* 42–51.

20 Blumenthal, J. A., Babyak, M. A., Moore, K. A., Craighead, W. E., Herman, S., Khatri, P., . . . Krishnan, K. R. (1999). Effects of exercise training on older patients with major

depression. *Archives of Internal Medicine, 159*(19), 2349–2356.

21 Diaz, K. M., Howard, V. J., Hutto, B., Colabianchi, N., Vena, J. E., Safford, M. M., . . . Hooker, S. P. (2017). Patterns of sedentary behavior and mortality in U.S. middle-aged and older adults: A national cohort study. *Annals of Internal Medicine, 167*, 465–475.

22 Blanchflower, D. G., & Oswald, A. J. (2004). Money, sex and happiness: An empirical study. *Scandinavian Journal of Economics, 106*, 393–415.

23 Loewenstein, G., Krishnamurti, T., Kopsic, J., & McDonald, D. (2015). Does increased sexual frequency enhance happiness? *Journal of Economic Behavior & Organization, 116*, 206–218.

24 Koenig, H. G., McCullough, M. E., & Larson, D. B. (2001). *Religion and health.* New York: Oxford University Press; VanderWeele, T. J. (2017). Religious communities and human flourishing. *Current Directions in Psychological Science, 26*(5), 476–481.

25 McCullough, M., Hoyt, W. T., Larson, D. B., Koenig, H. G., & Thoresen, C. (2000). Religious involvement and mortality. *Health Psychology, 19*(3), 211–222.

26 Contrada, R. J., Goyal, T. M., Cather, C., Rafalson, L., Idler, E. L., & Krause, T. J. (2004). Psychosocial factors in outcomes of heart surgery: The impact of religious involvement and depressive symptoms. *Health Psychology, 23*(3), 227–238.

27 Li, S., Stampfer, M. J., Williams, D. R., & VanderWeele, T. J. (2016). Association of religious service attendance with mortality among women. *JAMA Internal Medicine, 176*(6), 777–785.

28 Ai, A. L., Park, C. L., Huang, B., Rodgers, W., & Tice, T. N. (2007). Religious coping styles: A study of short-term psychological distress following cardiac surgery. *Personality and Social Psychology Bulletin, 33*(6), 867–882.

29 Leeson, L. A., Nelson, A. M., Rathouz, P. J., Juckett, M. B., Coe, C. L., Caes, E. W., & Costanzo, E. S. (2015). Spirituality and the recovery of quality of life following hematopoietic stem cell transplantation. *Health Psychology, 34*(9), 920–928.

30 Park, C. L., George, L., Aldwin, C. M., Choun, S., Suresh, D. P., & Bliss, D. (2016). Spiritual peace predicts 5-year mortality in congestive heart failure patients. *Health Psychology, 35*(3), 203–210.

31 Oishi, S., & Diener, E. (2014). Residents of poor nations have a greater sense of meaning in life than residents of wealthy nations. *Psychological Science, 25*(2), 422 –430.

32 Gu, J., Strauss, C., Bond, R., & Cavanagh, K. (2015). How do mindfulness-based cognitive therapy and mindfulness-based stress reduction improve mental health and wellbeing? A systematic review and meta-analysis of mediation studies. *Clinical Psychology Review, 37*, 1–12; Khoury, B., Sharma, M., Rush, S. E., & Fournier, C. (2015). Mindfulness-based stress reduction for healthy individuals: A meta-analysis. *Journal of Psychosomatic Research, 78*(6), 519–528.

33 Fredrickson, B. L., Cohn, M. A., Coffey, K. A., Pek, J., & Finkel, S. M. (2008). Open hearts build lives: Positive emotions, induced through loving-kindness meditation, build consequential personal resources. *Journal of Personality and Social Psychology, 95*(5), 1045–1062; Kok, B. E., Coffey, K. A., Cohn, M. A., Catalino, L.

I., Vacharkulksemsuk, T., Algoe, S. B., . . . Fredrickson, B. L. (2013). How positive emotions build physical health: Perceived positive social connections account for the upward spiral between positive emotions and vagal tone. *Psychological Science, 24*(7), 1123–1132.

34 Braden, B. B., Pipe, T. B., Smith, R., Glaspy, T. K., Deatherage, B. R., & Baxter, L. C. (2016). Brain and behavior changes associated with an abbreviated 4-week mindfulness-based stress reduction course in back pain patients. *Brain and Behavior, 6*(3), e00443; Feuille, M., & Pargament, K. (2015). Pain, mindfulness, and spirituality: A randomized controlled trial comparing effects of mindfulness and relaxation on pain-related outcomes in migraineurs. *Journal of Health Psychology, 20*(8), 1090–1106.

35 Johns, S. A., Brown, L. F., Beck-Coon, K., Monahan, P. O., Tong, Y., & Kroenke, K. (2015). Randomized controlled pilot study of mindfulness-based stress reduction for persistently fatigued cancer survivors. *Psycho-Oncology, 24*(8), 885–893; Lengacher, C. A., Shelton, M. M., Reich, R. R., Barta, M. K., Johnson-Mallard, V., Moscoso, M. S., . . . Lucas, J. (2014). Mindfulness based stress reduction (MBSR(BC)) in breast cancer: Evaluating fear of recurrence (FOR) as a mediator of psychological and physical symptoms in a randomized control trial (RCT). *Journal of Behavioral Medicine, 37*(2), 185–195; Witek-Janusek, L., Albuquerque, K., Chroniak, K. R., Chroniak, C., Durazo-Arvizu, R., & Mathews, H. L. (2008). Effect of mindfulness-based stress reduction on immune function, quality of life and coping in women newly diagnosed with early stage breast cancer. *Brain, Behavior, and Immunity, 22*(6), 969–981.

36 Barnes, V. A., Kapuku, G. K., & Treiber, F. A. (2012). Impact of transcendental meditation on left ventricular mass in African American adolescents. *Evidence-Based Complementary and Alternative Medicine,* 923153.

37 Ornish, D., Scherwitz, L. W., Billings, J. H., Gould, K. L., Merritt, T. A., Sparler, S., . . . Brand, R. J. (1998). Intensive lifestyle changes for reversal of coronary heart disease. *Journal of the American Medical Association, 280*(23), 2001–2007.

38 Jazaieri, H., Lee, I. A., McGonigal, K., Jinpa, T., Doty, J. R., Gross, J. J., & Goldin, P. R. (2016). A wandering mind is a less caring mind: Daily experience sampling during compassion meditation training. *Journal of Positive Psychology, 11*(1), 37–50.

39 Sweeny, K., & Howell, J. L. (2017). Bracing later and coping better: Benefits of mindfulness during a stressful waiting period. *Personality and Social Psychology Bulletin, 43*(10), 1399–1414.

40 Hölzel, B. K., Carmody, J., Vangel, M., Congleton, C., Yerramsetti, S. M., Gard, T., & Lazar, S. W. (2011). Mindfulness practice leads to increases in regional brain gray matter density. *Psychiatry Research, 191*(1), 36–43.

41 Luders, E., Cherbuin, N., & Kurth, F. (2015). Forever young(er): potential age-defying effects of long-term meditation on gray matter atrophy. *Frontiers in Psychology, 5.*

42 Hoge, E. A., Chen, M. M., Orr, E., Metcalf, C. A., Fischer, L. E., Pollack, M. H., . . . Simon, N. M. (2013). Loving-kindness meditation practice associated with longer telomeres in women. *Brain, Behavior, and Immunity, 32,* 159–163.

43 Eyre, H. A., Acevedo, B., Yang, H., Siddarth, P., Van Dyk, K., Ercoli, L., . . . Lavretsky, H.

(2016). Changes in neural connectivity and memory following a yoga intervention for older adults: A pilot study. *Journal of Alzheimer's Disease, 52*(2), 673–684.

44 Schulte, B. (2015, May 26). Harvard neuroscientist: Meditation not only reduces stress, here's how it changes your brain. *Washington Post*. Retrieved from https://www.washingtonpost.com/news/inspired-life/wp/2015/05/26/harvard-neuroscientist-meditation-not-only-reduces-stress-it-literally-changes-your-brain/

45 Patrick, V. M., & Hagtvedt, H. (2012). "I don't" versus "I can't": When empowered refusal motivates goal-directed behavior. *Journal of Consumer Research, 39*(2), 371–381.

46 Kushlev, K., & Dunn, E. W. (2015). Checking email less frequently reduces stress. *Computers in Human Behavior, 43*, 220–228.

第9章　大自然有益身心

1 Ryan, R. M., Weinstein, N., Bernstein, J., Brown, K. W., Mistretta, L., & Gagné, M. (2010). Vitalizing effects of being outdoors and in nature. *Journal of Environmental Psychology, 30*(2), 159–168.

2 White, M. P., Alcock, I., Wheeler, B. W., & Depledge, M. H. (2013). Would you be happier living in a greener urban area? A fixed-effects analysis of panel data. *Psychological Science, 24*(6), 920–928.

3 Beyer, K. M. M., Kaltenbach, A., Szabo, A., Bogar, S., Nieto, F. J., & Malecki, K. M. (2014). Exposure to neighborhood green space and mental health: Evidence from the survey of the health of Wisconsin. *International Journal of Environmental Research and Public Health, 11*(3), 3453–3472.

4 Bertrand, K. Z., Bialik, M., Virdee, K., Gros, A., & Bar-Yam, Y. (2013, August 20). *Sentiment in New York City: A high resolution spatial and temporal view*. Cambridge, MA: New England Complex Systems Institute. arXiv:1308.5010.

5 Dravigne, A., Waliczek, T. M., Lineberger, R. D., & Zajicek, J. M. (2008). The effect of live plants and window views of green spaces on employee perceptions of job satisfaction. *HortScience, 43*, 183–187.

6 Nieuwenhuis, M., Knight, C., Postmes, T., & Haslam, S. A. (2014). The relative benefits of green versus lean office space: Three field experiments. *Journal of Experimental Psychology: Applied, 20*(3), 199–214.

7 Berman, M. G., Jonides, J., & Kaplan, S. (2008). The cognitive benefits of interacting with nature. *Psychological Science, 19*(12), 1207–1212.

8 Berman, M. G., Kross, E., Krpan, K. M., Askren, M. K., Burson, A., Deldin, P. J., . . . Jonides, J. (2012). Interacting with nature improves cognition and affect for individuals with depression. *Journal of Affective Disorders, 140*(3), 300–305.

9 Li, D., & Sullivan, W. C. (2016). Impact of views to school landscapes on recovery from stress and mental fatigue. *Landscape and Urban Planning, 148*, 149–158.

10 Lee, K. E., Williams, K. J. H., Sargent, L. D., Williams, N. S. G., & Johnson, K. A. (2015). 40-second green roof views sustain attention: The role of micro-breaks in attention restoration. *Journal of Environmental Psychology, 42*, 182.

11 Aspinall, P., Mavros, P., Coyne, R., & Roe, J. (2015). The urban brain: Analysing

outdoor physical activity with mobile EEG. *British Journal of Sports Medicine, 49*, 272–276.

12 Bratman, G. N., Daily, G. C., Levy, B. J., & Gross, J. J. (2015). The benefits of nature experience: Improved affect and cognition. *Landscape and Urban Planning, 138*, 41–50.

13 Bratman, G. N., Hamilton, J. P., Hahn, K. S., Daily, G. C., & Gross, J. J. (2015). Nature experience reduces rumination and subgenual prefrontal cortex activation. *Proceedings of the National Academy of Sciences of the United States of America, 112*(28), 8567–8572. doi: 10.1073/pnas.1510459112.

14 Li, Q. (2010). Effect of forest bathing trips on human immune function. *Environmental Health and Preventive Medicine, 15*(1), 9–17; Park, B. J., Tsunetsugu, Y., Kasetani, T., Kagawa, T., & Miyazaki, Y. (2010). The physiological effects of *shinrin-yoku* (taking in the forest atmosphere or forest bathing): Evidence from field experiments in 24 forests across Japan. *Environmental Health and Preventive Medicine, 15*(1), 18–26.

15 Grahn, P., & Stigsdotter, U. A. (2003). Landscape planning and stress. *Urban Forestry & Urban Greening, 2*(1), 1–18.

16 Bhatt, V. (2014, August 12). People living in green neighborhoods are happy: Study. *MDnewsdaily*. Retrieved from https://www.mdnewsdaily.com/articles/1135/20140412/living-around-greenery-makes-you- happy.htm

17 Van den Berg, M. M. H. E., Maas, J., Muller, R., Braun, A., Kaandorp, W., van Lien, R., . . . van den Berg, A. E. (2015). Autonomic nervous system responses to viewing green and built settings: Differentiating between sympathetic and parasympathetic activity. *International Journal of Environmental Research and Public Health, 12*(12), 15860–15874.

18 Kim, G. W., Jeong, G.-W., Kim, T.-H., Baek, H.-S., Oh, S.-K., Kang, H.-K., . . . Song, J.-K. (2010). Functional neuroanatomy associated with natural and urban scenic views in the human brain: 3.0T functional MR imaging. *Korean Journal of Radiology, 11*(5), 507–513.

19 Ulrich, R. S. (1984). View through a window may influence recovery from surgery. *Science, 224*(4647), 420–421.

20 Park, S-.H., & Mattson, R. H. (2009). Ornamental indoor plants in hospital rooms enhanced health outcomes of patients recovering from surgery. *Journal of Alternative and Complementary Medicine, 15*(9), 975–980.

21 Park, S.-H., & Mattson, R. H. (2008). Effects of flowering and foliage plants in hospital rooms on patients recovering from abdominal surgery. *HortTechnology, 18*, 563–568.

22 Ulrich R. S., Lundén O., & Eltinge J. L. (1993). Effects of exposure to nature and abstract pictures on patients recovering from heart surgery. *Psychophysiology, 30*, 7.

23 De Vries, S., Verheij, R. A., Groenewegen, P. P., & Spreeuwenberg, P. (2003). Natural environments—healthy environments? An exploratory analysis of the relationship between greenspace and health. *Environment and Planning, 35*(10), 1717–1731.

24 Brown, S. C., Lombard, J., Wang, K., Byrne, M. M., Toro, M., Plater- Zyberk, E., . . . Szapocznik, J. (2016). Neighborhood greenness and chronic health conditions in Medicare beneficiaries. *American Journal of Preventive Medicine, 51*(1), 78–89.

25 Shanahan, D. F., Bush, R., Gaston, K. J., Lin, B. B., Dean, J., Barber, E., & Fuller, R. A. (2016). Health benefits from nature experiences depend on dose. *Scientific Reports, 6,* 28551.

26 James, P., Hart, J. E., Banay, R. F., & Laden, F. (2016). Exposure to greenness and mortality in a nationwide prospective cohort study of women. *Environmental Health Perspectives, 124,* 1344–1352.

27 Franklin, D. (2012, March 1). How hospital gardens help patients heal. *Scientific American.* Retrieved from https://www.scientificamerican.com/article/nature-that-nurtures/

28 Nisbet, E. K., & Zelenski, J. M. (2011). Underestimating nearby nature: Affective forecasting errors obscure the happy path to sustainability. *Psychological Science, 22*(9), 1101–1106.

29 Largo-Wight, E., Chen, W. W., Dodd, V., & Weiler, R. (2011). Healthy workplaces: The effects of nature contact at work on employee stress and health. *Public Health Reports, 126*(Suppl. 1), 124–130.

30 Passmore, H.-A., & Holder, M. D. (2017). Noticing nature: Individual and social benefits of a two-week intervention. *Journal of Positive Psychology, 12*(6), 537–546.

31 Van den Berg, A. E., & Custers, M. H. (2011). Gardening promotes neuroendocrine and affective restoration from stress. *Journal of Health Psychology, 16*(1), 3–11.

32 Soga, M., Gaston, K. J., & Yamaura, Y. (2017). Gardening is beneficial for health: A meta-analysis. *Preventive Medicine Reports, 5,* 92–99.

33 Ulrich, R. S. (1983). Natural versus urban scenes: Some psychophysiological effects. *Environment and Behavior, 13,* 523–556; White, M., Smith, A., Humphryes, K., Pahl, S., Cracknell, D., & Depledge, M. (2010). Blue space: The importance of water for preferences, affect and restorativeness ratings of natural and built scenes. *Journal of Environmental Psychology, 30,* 482–493.

第 10 章　聰明消費：旅遊、看戲、看比賽

1 Böll, H. (2011). *The collected stories.* Brooklyn, NJ: Melville House Books

2 Brickman, P., Coates, D., & Janoff-Bulman, R. (1978). Lottery winners and accident victims: Is happiness relative? *Journal of Personality and Social Psychology, 36*(8), 917–927.

3 Graham, C. (2012). *Happiness around the world: The paradox of happy peasants and miserable millionaires.* New York: Oxford University Press, 214.

4 Brooks, D. (2011). *The social animal: The hidden sources of love, character, and achievement.* New York: Random House.

5 Kahneman, D., & Deaton, A. (2010). High income improves evaluation of life but not emotional well-being. *Proceedings of the National Academy of Sciences of the United States of America, 107*(38), 16489–16493.

6 Kahneman, D., Krueger, A. B., Schkade, D., Schwarz, N., & Stone, A. A. (2006, June 30). Would you be happier if you were richer? A focusing illusion. *Science,* 1908–1910.

7 Haushofer, J., & Shapiro, J. (2016). The short-term impact of unconditional cash

transfers to the poor: Experimental evidence from Kenya. *Quarterly Journal of Economics, 131*(4), 1973–2042.

8 Dittmar, H., Bond, R., Hurst, M., & Kasser, T. (2014). The relationship between materialism and personal well-being: A meta-analysis. *Journal of Personality and Social Psychology, 107*(5), 879–924; Kasser, T. (2002). *The high price of materialism.* Boston: MIT Press.

9 Carroll, J. S., Dean, L. R., Call, L. L., & Busby, D. M. (2011). Materialism and marriage: Couple profiles of congruent and incongruent spouses. *Journal of Couple & Relationship Therapy, 10*(4), 287–308.

10 Bauer, M. A., Wilkie, J. E. B., Kim, J. K., & Bodenhausen, G. V. (2012). Cuing Consumerism: Situational materialism undermines personal and social well-being. *Psychological Science, 23*(5), 517–523.

11 Corless, R. (1989). *The vision of Buddhism: The space under the tree.* New York: Paragon House.

12 Franklin, B. (1998). *Benjamin Franklin: Wit and wisdom.* White Plains, NY: Peter Pauper Press.

13 Kahneman, D., Krueger, A. B., Schkade, D. A., Schwarz, N., & Stone, A. A. (2004, December 3). A survey method for characterizing daily life experience: The day reconstruction method. *Science,* 1776–1780.

14 Bianchi, E. C., & Vohs, K. D. (2016). Social class and social worlds: Income predicts the frequency and nature of social contact. *Social Psychological and Personality Science, 7*(5), 479–486.

15 Piff, P. K., & Moskowitz, J. (2018). Wealth, poverty, and happiness: Social class is differentially associated with positive emotions. *Emotion, 18*, 902–905.

16 Sliwa, J. (2017, December 18). How much people earn is associated with how they experience happiness. *American Psychological Association.* Retrieved from http://www.apa.org/news/press/releases/2017/12/earn-happiness.aspx

17 Van Boven, L., & Gilovich, T. (2003). To do or to have? That is the question. *Journal of Personality and Social Psychology, 85*(6), 1193–1202.

18 Weed, J. (2016, December 12). Gifts that Santa, the world traveler, would love. *New York Times.* Retrieved from https://www.nytimes.com/2016/12/12/business/gifts-that-santa-the-world-traveler-would-love.html

19 Pchelin, P., & Howell, R. T. (2014). The hidden cost of value-seeking: People do not accurately forecast the economic benefits of experiential purchases. *Journal of Positive Psychology, 9*(4), 332–334.

20 Nowlis, S. M., Mandel, N., & McCabe, D. B. (2004). The effect of a delay between choice and consumption on consumption enjoyment. *Journal of Consumer Research, 31*(3), 502–510.

21 Kumar, A., Killingsworth, M. A. & Gilovich, T. (2014). Waiting for Merlot: Anticipatory consumption of experiential and material purchases. *Psychological Science, 25*(10), 1924–1931.

22 Krakauer, J. (1997). *Into the wild.* New York: Anchor Books.

23 Caprariello, P. A., & Reis, H. T. (2013). To do, to have, or to share? Valuing experiences over material possessions depends on the involvement of others. *Journal of Personality and Social Psychology, 104*(2), 199–215.

24 Kumar, A. & Gilovich, T. (2015). Some "thing" to talk about? Differential story utility from experiential and material purchases. *Personality and Social Psychology Bulletin, 41*(10), 1320–1331.

25 Hershfield, H. E., Mogilner, C., & Barnea, U. (2016). People who choose time over money are happier. *Social Psychological and Personality Science, 7*(7), 697–706; Whillans, A. V., Dunn, E. W., Smeets, P., Bekkers, R., & Norton, M. I. (2017). Buying time promotes happiness. *Proceedings of the National Academy of Sciences of the United States of America, 114*(32), 8523–8527.

26 Whillans, A. V., Weidman, A. C., & Dunn, E. W. (2016). Valuing time over money is associated with greater happiness. *Social Psychological and Personality Science, 7*, 213–222.

27 Diehl, K., Zauberman, G., & Barasch, A. (2016). How taking photos increases enjoyment of experiences. *Journal of Personality and Social Psychology, 111*(2), 119–140.

28 Nawijn, J., Marchand, M. A., Veenhoven, R., & Vingerhoets, A. J. (2010). Vacationers happier, but most not happier after a holiday. *Applied Research in Quality of Life, 5*(1), 35–47.

29 Van Boven, L., & Ashworth, L. (2007). Looking forward, looking back: Anticipation is more evocative than retrospection. *Journal of Experimental Psychology: General, 136*(2), 289–300.

第11章　送別人一份禮物 —— 任何人都行

1 Santi, J. (2015, December 1). The science behind the power of giving (op-ed). *LiveScience*. Retrieved from https://www.livescience.com/52936-need-to-give-boosted-by-brain-science-and-evolution.html

2 Dunn, E. W., Aknin, B. B., & Norton, M. I. (2008). Spending money on others promotes happiness. *Science, 21*, 1687–1688.

3 Aknin, L. B., Barrington-Leigh, C. P., Dunn, E. W., Helliwell, J. F., Burns, J., Biswas-Diener, R., . . . Norton, M. I. (2013). Prosocial spending and well-being: Cross-cultural evidence for a psychological universal. *Journal of Personality and Social Psychology, 104*(4), 635–652.

4 Dunn, E. W., Aknin, L. B., & Norton, M. I. (2008, March 21). Spending money on others promotes happiness. *Science, 21*, 1687–1688.

5 Deaton, A. (2008). Income, health, well-being around the world: Evidence from the Gallup World Poll. *Journal of Economic Perspectives, 22*, 53–72.

6 Aknin, L. B., Dunn, E. W., Sandstrom, G. M., & Norton, M. I. (2013). Does social connection turn good deeds into good feelings? On the value of putting the 'social' in prosocial spending. *International Journal of Happiness and Development, 1*(2), 155–171.

7 Dulin, P. L., Gavala, J., Stephens, C., Kostick, M., & McDonald, J. (2012). Volunteering

predicts happiness among older Māori and non-Māori in the New Zealand health, work, and retirement longitudinal study. *Aging & Mental Health, 16*(5), 617–624.

8 Borgonovi, F. (2008). Doing well by doing good. The relationship between formal volunteering and self-reported health and happiness. *Social Science & Medicine, 66*(11), 2321–2334.

9 McCann, S. J. H. (2017). Higher USA state resident neuroticism is associated with lower state volunteering rates. *Personality and Social Psychology Bulletin, 43*(12), 1659–1674.

10 Twain, M. (1935). *Mark Twain's notebook.* New York: Harper & Brothers.

11 Cunningham, M. R., Steinberg, J., & Grev, R. (1980). Wanting to and having to help: Separate motivations for positive mood and guilt-induced helping. *Journal of Personality and Social Psychology, 38*, 181–192.

12 Aknin, L. B., Hamlin, J. K., & Dunn, E. W. (2012). Giving leads to happiness in young children. *PLOS One, 7*(6): e39211.

13 Moll, J., Krueger, F., Zahn, R., Pardini, M., de Oliveira-Souza, R., & Grafman, J. (2006). Human fronto-mesolimbic networks guide decisions about charitable donation. *Proceedings of the National Academy of Sciences of the United States of America, 103*(42), 15623–15628.

14 Harbaugh, W. T., Mayr, U., & Burghart, D. R. (2007, June 15). Neural responses to taxation and voluntary giving reveal motives for charitable donations. *Science*, 1622–1625.

15 Sullivan, G. B., & Sullivan, M. J. (1997). Promoting wellness in cardiac rehabilitation: Exploring the role of altruism. *Journal of Cardiovascular Nursing, 11*(3), 43–52; Ironson, G., Solomon, G. F., Balbin, E. G., O'Cleirigh, C., George, A., Kumar, M., . . . Woods, T. E. (2002). The Ironson-Woods Spirituality/Religiousness Index is associated with long survival, health behaviors, less distress, and low cortisol in people with HIV/AIDS. *Annals of Behavioral Medicine, 24*(1), 34–48.

16 Whillans, A. V., Dunn, E. W., Sandstrom, G. M., Dickerson, S. S., & Madden, K. M. (2016). Is spending money on others good for your heart? *Health Psychology, 35*(6), 574–583.

17 Piferi, R. L., & Lawler, K. A. (2006). Social support and ambulatory blood pressure: An examination of both receiving and giving. *International Journal of Psychophysiology, 62*(2), 328–336.

18 Raposa, E. B., Laws, H. B., & Ansell, E. B. (2016). Prosocial behavior mitigates the negative effects of stress in everyday life. *Clinical Psychological Science, 4*(4), 691–698.

19 Inagaki, T. K., & Eisenberger, N. I. (2016). Giving support to others reduces sympathetic nervous system-related responses to stress. *Psychophysiology, 53*(4), 427–435; Brown, S. L., Fredrickson, B. L., Wirth, M. M., Poulin, M. J., Meier, E. A., Heaphy, E. D., . . . Schultheiss, O. C. (2009). Social closeness increases salivary progesterone in humans. *Hormones and Behavior, 56*(1), 108–111.

20 Brown, S. L., Nesse, R. M., Vinokur, A. D., & Smith, D. M. (2003). Providing social support may be more beneficial than receiving it: Results from a prospective study of

mortality. *Psychological Science, 14*(4), 320–327.

21 Oman, D., Thoresen, C. E., & McMahon, K. (1999). Volunteerism and mortality among the community-dwelling elderly. *Journal of Health Psychology, 4*(3), 301–316.

22 Poulin, M. J., Brown, S. L., Dillard, A. J., & Smith, D. M. (2013). Giving to others and the association between stress and mortality. *American Journal of Public Health, 103*(9), 1649–1655.

23 Weinstein, N., & Ryan, R. M. (2010). When helping helps: Autonomous motivation for prosocial behavior and its influence on well-being for the helper and recipient. *Journal of Personality and Social Psychology, 98*(2), 222–244.

24 Poulin, M. J. (2014). Volunteering predicts health among those who value others: Two national studies. *Health Psychology, 33*(2), 120–129.

25 Konrath, S., Fuhrel-Forbis, A., Lou, A., & Brown, S. (2012). Motives for volunteering are associated with mortality risk in older adults. *Health Psychology, 31*(1), 87–96.

26 Buchanan, K. E., & Bardi, A. (2010). Acts of kindness and acts of novelty affect life satisfaction. *Journal of Social Psychology, 150*(3), 235–237.

27 Aknin, L, B., Dunn, E. W., Whillans, A. V., Grant, A. M., & Norton, M. I. (2013). Making a difference matters: Impact unlocks the emotional benefits of prosocial spending. *Journal of Economic Behavior & Organization, 88*, 90–95.

28 Seligman, M. E. P., Steen, T. T., Park, N., & Peterson, C. (2005). Positive psychology progress: Empirical validation of interventions. *American Psychologist, 60*, 410–421.

第12章　建立關係：你只需要愛

1 Gawande, A. (2014). *Being mortal: Medicine and what matters in the end.* New York: Metropolitan Books.

2 Gilbert, D. (2007, June 12). What is happiness? *Big Think.* Retrieved from https://bigthink.com/videos/what-is-happiness

3 Vaillant, G. E. (2002). *Aging well: Surprising guideposts to a happier life from the landmark Harvard study of adult development.* Boston: Little, Brown.

4 Mehl, M. R., Vazire, S., Holleran, S. E., & Clark, C. S. (2010). Eavesdropping on happiness: Well-being is related to having less small talk and more substantive conversations. *Psychological Science, 21*(4), 539–541.

5 Venaglia, R. B., & Lemay, E. P., Jr. (2017). Hedonic benefits of close and distant interaction partners: The mediating roles of social approval and authenticity. *Personality and Social Psychology Bulletin, 43*(9), 1255–1267.

6 Sandstrom, G. M., & Dunn, E. W. (2014). Social interactions and well-being: The surprising power of weak ties. *Personality and Social Psychology Bulletin, 40*(7), 910–922.

7 Epley, N., & Schroeder, J. (2014). Mistakenly seeking solitude. *Journal of Experimental Psychology: General, 143*(5), 1980–1999.

8 Lambert, N. M., Gwinn, A. M., Baumeister, R. F., Strachman, A., Washburn, I. J., Gable, S. L., & Fincham, F. D. (2013). A boost of positive affect: The perks of sharing positive experiences. *Journal of Social and Personal Relationships, 30*, 24–43.

9   Smith, M. (2000). *The letters of Charlotte Brontë: With a selection of letters by family and friends* (Vol. 2, 1848–1851). Oxford: Oxford University Press.

10 Boothby, E., Clark, M. S., & Bargh, J. A. (2014). Shared experiences are amplified. *Psychological Science, 25*(12), 2209–2216.

11 Lambert, N. M., Gwinn, A. M., Baumeister, R. F., Strachman, A., Washburn, I. J., Gable, S. L., & Fincham, F. D. (2013). A boost of positive affect: The perks of sharing positive experiences. *Journal of Social and Personal Relationships, 30*, 24–43.

12 Stone, A. A., Schwartz, J. E., Broderick, J. E., & Deaton, A. (2010). A snapshot of the age distribution of psychological well-being in the United States. *Proceedings of the National Academy of Sciences of the United States of America, 107*(22), 9985–9990.

13 U-bend of life, the. (2010, December 16). *Economist*. Retrieved from https://www.economist.com/christmas-specials/2010/12/16/the-u-bend-of-life

14 English, T., & Carstensen, L. L. (2014). Selective narrowing of social networks across adulthood is associated with improved emotional experience in daily life. *International Journal of Behavioral Development, 38*(2), 195–202.

15 Fredrickson, B. L., & Carstensen, L. L. (1990). Choosing social partners: How old age and anticipated endings make people more selective. *Psychology and Aging, 5*(3), 335–347.

16 Carstensen, L. L., & Fredrickson, B. L. (1998). Influence of HIV status and age on cognitive representations of others. *Health Psychology, 17*(6), 494–503.

17 Yang, Y. C., Boen, C., Gerken, K., Li, T., Schorpp, K., & Harris, K. M. (2016). Social relationships and physiological determinants of longevity across the human life span. *Proceedings of the National Academy of Sciences of the United States of America, 113*(3), 578–583.

18 Orth-Gomér, K., Rosengren, A., & Wilhelmsen, L. (1993). Lack of social support and incidence of coronary heart disease in middle-aged Swedish men. *Psychosomatic Medicine, 55*(1), 37–43.

19 Holt-Lunstad, J., Smith, T. B., & Layton, J. B. (2010). Social relationships and mortality risk: A meta-analytic review. *PLOS Medicine, 7*(7), e1000316.

20 Berkman, L. F., & Syme, S. L. (1979). Social networks, host resistance, and mortality: A nine-year follow up study of Alameda County residents. *American Journal of Epidemiology, 109*(2), 186–204.

21 Giles, L., Glonek, G., Luszcz, M., & Andrews, G. (2005). Effect of social networks on 10 year survival in very old Australians: The Australian longitudinal study of aging. *Journal of Epidemiology and Community Health, 59*(7), 574–579.

22 Kroenke, C. H., Kubzansky, L. D., Schernhammer, E. S., Holmes, M. D., & Kawachi, I. (2006). Social networks, social support, and survival after breast cancer diagnosis. *Journal of Clinical Oncology, 24*(7), 1105–1111.

23 Ruberman, W., Weinblatt, E., Goldberg, J. D., & Chaudhary, B. S. (1984). Psychosocial influences on mortality after myocardial infarction. *New England Journal of Medicine, 311*(9), 552–559.

24 Brummett, B. H., Barefoot, J. C., Siegler, I. C., Clapp-Channing, N. E., Lytle, B. L.,

Bosworth, H. B., . . . Mark, D. B. (2001). Characteristics of socially isolated patients with coronary artery disease who are at elevated risk for mortality. *Psychosomatic Medicine, 63*(2), 267–272.

25 Rosengren, A., Orth-Gomér, K., Wedel, H., & Wilhelmsen, L. (1993). Stressful life events, social support, and mortality in men born in 1933. *BMJ: British Medical Journal, 307*(6912), 1102–1105.

26 Coan, J. A., Schaefer, H. S., & Davidson, R. J. (2006). Lending a hand: Social regulation of the neural response to threat. *Psychological Science, 17*(12), 1032–1039.

27 Cohen, S., Janicki-Deverts, D., Turner, R. B., & Doyle, W. J. (2015). Does hugging provide stress-buffering social support? A study of susceptibility to upper respiratory infection and illness. *Psychological Science, 26*(2), 135–147.

28 Hawkley, L. C., & Cacioppo, J. T. (2010). Loneliness matters: A theoretical and empirical review of consequences and mechanisms. *Annals of Behavioral Medicine, 40*(2), 218–227.

29 Perissinotto, C. M., Cenzer, I. S., & Covinsky, K. E. (2012). Loneliness in older persons: A predictor of functional decline and death. *Archives of Internal Medicine, 172*(14), 1078–1083; Valtorta, N. K., Kanaan, M., Gilbody, S., Ronzi, S., & Hanratty, B. (2016). Loneliness and social isolation as risk factors for coronary heart disease and stroke: Systematic review and meta-analysis of longitudinal observational studies. *Heart, 102*, 1009–1016.

30 Murthy, V. (2017, September 27). Work and the loneliness epidemic. *Harvard Business Review*. Retrieved from https://hbr.org/cover-story/2017/09/work-and-the-loneliness-epidemic

31 Teo, A. R., Choi, H., & Valenstein, M. (2013). Social relationships and depression: Ten-year follow-up from a nationally representative study. *PLOS One, 8*(4), e62396.

32 Birmingham, W. C., Uchino, B. N., Smith, T. W., Light, K. C., & Butner, J. (2015). It's complicated: Marital ambivalence on ambulatory blood pressure and daily interpersonal functioning. *Annals of Behavioral Medicine, 49*(5), 743–753.

33 King, K. B., & Reis, H. T. (2012). Marriage and long-term survival after coronary artery bypass grafting. *Health Psychology, 31*(1), 55–62; King, K. B., Reis, H. T., Porter, L. A., & Norsen, L. H. (1993). Social support and long-term recovery from coronary artery surgery: Effects on patients and spouses. *Health Psychology, 12*(1), 56–63.

35 Bakalar, N. (2008, April 1). Patterns: Another reason to choose a mate wisely. *New York Times*. Retrieved from https://www.nytimes.com/2008/04/01/health/research/01patt.html

35 American Time Use Survey Summary. (2018, June 28). Bureau of Labor Statistics. Retrieved from https://www.bls.gov/news.release/atus.nr0.htm/

36 Przybylski, A. K., & Weinstein, N. (2012). Can you connect with me now? How the presence of mobile communication technology influences face-to-face conversation quality. *Journal of Social and Personal Relationships, 30*(3), 237–246.

37 Misra, S., Cheng, L., Genevie, J., & Yuan, M. (2014). The iPhone effect: The quality of in-person social interactions in the presence of mobile devices. *Environment and*

Behavior, 48(2), 275–298.

38 Mubanga, M., Byberg, L., Nowak, C., Egenvall, A., Magnusson, P. K., Ingelsson, E., & Fall, T. (2017). Dog ownership and the risk of cardiovascular disease and death—a nationwide cohort study. *Scientific Reports, 7*(1), 15821.

39 Siegel, J. M. (1990). Stressful life events and use of physician services among the elderly: The moderating role of pet ownership. *Journal of Personality and Social Psychology, 58*(6), 1081–1086.

40 Müller, C. A., Schmitt, K., Barber, A. L. A., & Huber L. (2015). Dogs can discriminate emotional expressions of human faces. *Current Biology, 25*(5), 601–605.

41 Tolstoy, L. (2003). *Anna Karenina: A novel in eight parts* (R. Pevear & L. Volokhonsky, Trans.). London: Penguin.

結語　快樂與健康的提升，掌握在自己手中

1 Zuckerman, M., Kolin, E. A., Price, L., & Zoob, I. (1964). Development of a sensation-seeking scale. *Journal of Consulting Psychology, 28*(6), 477–482.

2 Faber, F. W. (1860). *Spiritual conferences*. London: Thomas Richardson and Son.

身心成長 B&S 002

正向轉變 365 日快樂實踐手冊
The Positive Shift
Mastering Mindset to Improve Happiness, Health, and Longevity

作者 —— 凱瑟琳‧珊德森 Catherine A. Sanderson
譯者 —— 周宜芳

總編輯 —— 邱慧菁
特約編輯 —— 吳依亭
校對 —— 李蓓蓓
封面設計 —— Oceana Garceau
封面完稿 —— 陳俐君
內頁排版 —— 立全電腦印前排版有限公司

讀書共和國出版集團社長 —— 郭重興
發行人兼出版總監 —— 曾大福
出版 —— 星出版／木馬文化事業股份有限公司
發行 —— 遠足文化事業股份有限公司
　　　　231 新北市新店區民權路 108 之 4 號 8 樓
　　　　電話：886-2-2218-1417
　　　　傳真：886-2-8667-1065
　　　　email: service@bookrep.com.tw
　　　　郵撥帳號：19588272 木馬文化事業股份有限公司
　　　　客服專線 0800221029
法律顧問 —— 華洋國際專利商標事務所 蘇文生律師
製版廠 —— 中原造像股份有限公司
印刷廠 —— 中原造像股份有限公司
裝訂廠 —— 中原造像股份有限公司
登記證 —— 局版台業字第 2517 號

出版日期 —— 2019 年 10 月 02 日第一版第一次印行
定價 —— 新台幣 400 元
書號 —— 2BBS0002
ISBN —— 978-986-97445-7-7

著作權所有　侵害必究

讀書共和國網路書店 —— www.bookrep.com.tw
星出版讀者服務信箱 —— starpublishing@bookrep.com.tw
歡迎團體訂購，另有優惠，請洽業務部：886-2-22181417 ext. 1124 或 1135

本書如有缺頁、破損、裝訂錯誤，請寄回更換。
本書僅代表作者言論，不代表星出版／讀書共和國出版集團立場與意見，文責由作者自行承擔。

國家圖書館出版品預行編目（CIP）資料

正向轉變：365 日快樂實踐手冊／凱瑟琳‧珊德森（Catherine A.
Sanderson）著；周宜芳譯．
第一版 . – 新北市：星出版：遠足文化發行 , 2019.10
304 面；14.8x21 公分 . -- （身心成長；B&S 002）．
譯自：The Positive Shift: Mastering Mindset to Improve Happiness,
Health, and Longevity

　ISBN 978-986-97445-7-7(平裝)

1. 自我實現　2. 生活指導

177.2　　　　　　　　　　　　　　　　108015741

新觀點
新思維
新眼界

Star

星出版